JN411223

사춘기는 수다쟁이

사춘기는 수다쟁이

홍창미 지음

축하의 시

등대지기

嘉恩 서비아

광명한 풀포기
심기어 있네

이 땅에는
가시떨기와
엉겅퀴도 있답니다

청소년들이여
그대들은
옥구슬 보다 더욱 빛나고
보드랍고 올곧게
피어나세요

혼탁한 떨기에
찔리지 않도록 조심하시고

그대들의

해맑은 얼굴은
곱게 피어나는 꽃송이랍니다

신음하는
어두운 시대에서도
밤하늘엔 달과 별이
변함없이 순행하듯이
구름 속에는 해님 있듯이
스스로 올가미에 걸려들지 마세요

겨울이 있으면
따뜻한 봄이 온다지요
봄에 피는 영롱한 꽃을 보세요
추위 속에 걸어 나온 저자리가
맑고도 곱게 예쁜 꽃으로
피어 있답니다

향기가 나는
진솔한 마음은
그대들에 별빛이 되어
이 나라의
꿈과 자랑 등대지기
실크로드랍니다

축하의 말

홍창미 님의 수필집 발간 찬사

류한상(시인, ncm방송문학 회장)

홍창미 작가님의 무한한 문학 창작의 능력과 귀한 이번 수필집 출간에 아낌없는 찬사를 드립니다. 홍창미 작가님과 함께하는 우리 모든 문학회원의 복이라 생각합니다. 이 귀한 글이 더 많은 이들에게 읽혀, 오월 창가의 빛에 생명과 생기 충만히 넘쳐흐르고 기쁨과 밝음의 향연으로 함께 나아갈 수 있는 큰 행복의 문이 활짝 열릴 수 있기를 바랍니다. 건건 냉랭한 이 시대의 세태 속에 태양의 빛을 비추어 주시듯이, 메마른 땅에 단비를 내려 주시듯이 작가님의 옥고로 인하여 모든 독자님들이 웃음, 기쁨, 즐거움, 감사를 다시 찾아 참행복 가득 품은 기대를 누리는 기회가 되기를 간절히 기대해 봅니다.

시대가 인물을 만들어 간다고 했나요. 난세 속에서 영웅이 난다고 했지요. 우리 문학 확장의 큰 문에서 작가님의 글이 걸작 중에 귀작이 되어 혼란의 시대에 아름다운 정서를 확장

시키고 안정된 창조생명들로 가득 채울 수 있기를 바랍니다.

문학인은 시원하고, 따뜻하고, 상쾌하고, 밝고, 명랑하고, 재미있고, 선하고, 착해야 합니다. 즐거워야 합니다. 그래야 작품을 대하는 이들에게 그와 같은 신선한 생기를 선물해 줄 수 있는 것이지요. 창조원리의 가장 원초다운 창작의 세계가 있으니 우리도 희망과 소망, 감격을 가슴 뿌듯이 품어보고, 기대도 해보고 위로도 받고 용기도 주며 능력과 가능성을 향해 계속 도전할 수 있어야겠습니다.

홍창미 작가님은 시와 수필 등 아주 다양한 장르의 복합 작가로, 그의 안에는 감성이 풍성한 창조의 샘이 흘러넘치고 있습니다. 특히 시낭송가로서 감히 누구와도 견줄 수 없는 뛰어난 재기를 소유하고 계신 홍 작가님에게 큰 박수를 보내면서, 또한 화려한 수상 경력에 어느 것 하나 부족한 것 없는 큰 은사들을 담고 있는 작가님에게 다시 한번 찬사를 드립니다.

우리 모두 함께 일구어 가는 세계문학 세계에서 화려한 기여의 수고를 감히 부탁드립니다. 홍창미 작가님의 삶의 현장에 살아있는 생명과 생기의 문맥을 담은 이번 수필집 발간을 통해, 많은 애독자들의 눈과 마음과 생각이 집중될 수 있기를 바랍니다. 홍창미 작가님의 문학과 하는 모든 일의 무궁한 발전을 주님의 이름으로 기원합니다.

축하의 말

첫 수필집 출간을 축하하며

강순구(시인, 목사)

홍창미 시인님의 첫 번째 수필집 『사춘기는 수다쟁이』의 출간을 진심으로 축하드립니다. 그동안 기도하고 고민하며 자식을 진심으로 사랑하는 엄마의 마음으로 창작하여 주님과 독자들을 만나게 됨을 마음을 다해 축복하며 기도합니다.

홍시인 님은 시인이며 시낭송가이고 동화구연가입니다. 제가 홍시인 님과 교분을 맺게 된 계기는 2년 전 NCM TV 방송예배 현장에서 주님의 은혜로 이루어진 복되고 귀한 만남이었지요.

그는 어릴 때 병환으로 여읜 어머니의 꿈처럼 어릴 때부터 책 읽기를 좋아했고 글짓기를 잘해서 상을 타는 등 작가의 꿈을 키워왔습니다. 어려운 형편에도 신앙과 창작에 힘쓰다 저의 추천과 권면으로 지난 5월 4일 세계문학 수필 부문 신인문학상을 수상했고 드디어 첫 번째 수필집을 출간하게 되었습니다. 그 감회가 남다르리라 믿어 의심치 않습니다.

그동안 방송활동과 문학활동을 같이 하면서 하나님께서 부르신 영혼이 참 깨끗하고 인품이 순수한 귀한 분이라 여기며 중보기도와 응원을 하였습니다. 앞으로 더욱 갈고닦으며 좋은 작품을 많이 창작해서 한국 문단을 빛낼 보석 같은 작가가 되기를 기원합니다.

어느덧 연두색 숲이 초록으로 바뀌는 초여름의 꽃길에는 주홍색, 분홍색, 새하얀 철쭉꽃이 눈이 부시도록 화사하게 피었고 활엽수가 푸르름을 더하는 계절이 되었습니다. 앞으로도 더욱더 서로 아껴주고 응원하며 기도해 주는 문우의 정을 나누길 소망하며 축하의 말을 대신합니다.

작가의 말

아름다운 성장통, 사춘기

유난히 조용하고 말이 없던 소녀에게 책은 좋은 친구이자 인생의 멘토가 되어 주었습니다. 종이의 향과 더불어 책 속의 주인공들과 상상의 나래를 펼치는 것이 소녀의 행복이었습니다.

세월이 흘러 한 아이의 엄마가 되어 살던 어느 날, 교회 목사님의 설교 말씀 중 잃어버린 꿈 이야기를 듣게 되었습니다. 무언가 뜨거운 것이 올라왔습니다. 오랜 세월 가슴 속에서 꿈틀대고 있던 것이 잊고 지냈던, 잃어버린 꿈이었다는 걸 느낀 후 내가 정말 좋아하고 잘하는 게 무얼까 깊이 생각해 보게 되었습니다.

중학교 때 교내 글짓기대회에서 상을 타 전교생 앞에서 발표했던 기억이 스쳐가면서 작가의 꿈을 꾸게 되었습니다. 그 후 설렘으로 도서관을 드나들며 책과 사랑에 빠지게 되었고 인생의 2막이 시작되는 오십에 꿈을 펼치게 되었습니다. 사춘기는 진정한 나를 찾아가는 희망의 성장통이었던 것입니다. 학원과 과외 수업, 게임, SNS 등에 시간을 빼앗겨 자기 자신을 돌아보거나 미래를 설계할 시간이 없이 진정한 자아를 찾지 못해 힘들어하는 청소년들을 응원합니다.

자식 걱정은 눈 감아도 끝나지 않는다고 하듯이 자녀 양육은 나무를 키우는 것과 비슷합니다. 여린 나무는 폭우와 태풍으로부터는 보호받아야 하지만 비와 바람을 맞아야 단단하게 성장할 수 있습니다. 애벌레가 나비가 되기 위해서는 죽음의 위험을 감수하고 단단한 고치 속에 들어가야 하듯이, 성장하기 위해 그 고통의 날갯짓을 시작한 사춘기 청소년들에게 오늘도 최선을 다해 그들을 믿어주고 기다려주는 사랑이 필요합니다.

살아있는 동안 우리는 변화, 성장합니다. 자기 잎이 나오기 시작하는 수다쟁이 사춘기 학생들에게 희망의 끈을 놓지 않고 오늘분의 사랑을 다 쓰는 것, 그러한 부모의 사랑이 행복한 사춘기 자녀를 만듭니다.

부족한 제게 좋은 달란트를 주시고 책을 쓸 수 있는 상황과 여건을 베풀어주신 하나님께 영광 올려드립니다.

세상에서 인정받는 것보다 하나님께 인정받는 것이 먼저

라고 용기 주신 강순구 목사님과 바른 신앙의 길을 갈 수 있도록 믿음의 본을 보여주시는 성광중앙교회 목사님과 모든 성도들, 그리고 언제나 친정집 같은 오공주와 시가 흐르는 서울 김기진 대표님, 배정규 회장님, 박영애 교수님께 감사드립니다. 하나님의 은혜로 제 주변에 좋은 만남의 축복을 허락해 주셔서 많은 분들의 도움으로 문학의 길로 갈 수 있었습니다. 감사할 분들이 너무 많아 일일이 인사드리지 못하지만 제 삶에 선한 영향력을 주신 모든 분께 감사드립니다.

이 책이 나오기까지 편집해주시고 기도해주신 NCM 방송문학 세계문학회가족들과 멋진 디자인으로 책을 만들어주신 예솔출판사에 감사드립니다. 좋은 작품 쓰라고 응원해주시는 강정규 작가님, 그리고 인사동 동화교실에서 강정규 작가님과 함께 공부하시는 귀한 미래 동화작가님들께 감사드립니다. 한결같이 저를 지지해주는 따뜻한 남편과 고등래퍼를 꿈꾸는 저의 아들, 사랑하는 친정 식구들에게 감사드립니다.

마지막으로 누구보다 기뻐하실, 하늘나라에 계신 부모님께 이 책을 바칩니다.

수요 예배를 마치고

홍 창 미

차례

1부

사춘기는 수다쟁이

1. 사고를 치다

빨래들이 깨끗하게 샤워하고 있을 때였다. 핸드폰 멋 울림 벨소리가 요란스럽게 울린다.

"여보세요?"

가늘고 고운 음성의 준이 엄마가 말한다.

"야! 어떻게 된 게 엄마란 사람이 그러냐?"

스마트폰 너머로 잔뜩 화가 난 준이 아빠 목소리가 들린다.

"무슨 일 있어요?"

엄마가 무덤덤하게 묻는다.

"아우! 열받아서 준이 자식이랑 못 살겠다. 내가 집에 가면 준이 그놈 죽도록 패버릴 것 같으니까 좋은 말할 때 빨리 데려가."

"갑자기 왜 그래요? 무슨 일이에요?"

'아무리 힘들어도 아들은 본인이 키우겠다고 우기던 사람인데 왜 그러지? 무슨 일이지?' 준이 아빠가 엄청 화가 나 있는 거 보니까 큰일이 벌어졌다는 두려움에 엄마는 가슴이

철렁하다. 잠시 마음을 진정하고… 준이에게 전화를 걸자 받지 않는다.

'왜 안 받지?'

초조한 마음에 이번에는 집 전화번호를 누르는 손이 파르르 떨린다.

잠시 후

"여보세요?"

차분하고 나지막한 목소리로 누군가 전화를 받는다.

"어?… 아 ~ 장호구나. 오래간만이다. 잘 지내니?"

작년에 롯데월드 회전초밥집에서 준이와 초밥을 12접시 해치우던 식성 좋은 장호의 모습이 스쳐간다.

"네. 김준 바꿔 줄게요."

"여보세요."

힘없는 준이의 목소리가 수화기를 타고 건너온다.

"아들! 무슨 일 있니? 아빠가 화 많이 났던데. 무슨 일 있는 거야? 얘기해봐. 준이가 뭐 잘못 한 거야?"

아들은 차마 말을 잇지 못한다. 얼마간 침묵이 흐른 후… 울먹이는 목소리로 준이가 말한다.

"엄마! 친구가 집에 놀러 왔었어. 한참 놀다보니 목이 말라 음료수를 찾는데 그 애가

'야! 너네 아빠 오늘 오시냐?' 묻는거야.

'아니. 지방으로 일가셨어. 내일와.'

그랬더니

'그러냐! 잘됐다. 목마른데 우리 목좀 축이자. 맛이 끝내준다. 아~ 나의이슬이.' 그러길래

'괜찮을까?' 내가 물었어.

'한번 마셔봐. 알딸딸. 뻑간다.'

하길래 호기심이 생겨 내가 친구한테 아빠 카드로 참이슬을 사 오라고 했어. 그랬더니 그 친구가 심부름 값이라며 자기 친구들 줄 거 담배 몇 갑도 사 왔어. 우리가 마신 술병들이 대문 앞에 멋대로 나뒹굴고 있는 것을 이불집 가게 아저씨가 보고 아빠한테 전화해서 알려줬어."

"뭐어?"

전혀 생각지 못한 일이 벌어져 엄마는 눈앞이 깜깜해진다.

"요놈의 자식! 학생이 무슨 술이야?"

화가 나서 엄마의 언성이 높아진다.

"그래서 술 마시고 담배 피운 거야?"

엄마는 심장이 벌렁벌렁해서 눈물이 나오려 한다.

"어쩌다 그랬어?"

모든 것이 본인의 잘못인 거 같아 엄마는 가슴이 미어진다. 준이와 엄마는 떨어져 사는 모자이다. 준이는 아빠와 같이 살고 있다.

"스트레스 받아서 그랬어. 아빠도 엄마도 나를 이해해주지 않잖아. 내가 얼마나 힘든지 알아? 어른들이 보기에는 나쁜 친구라고 하지만 그런 친구들이라도 함께 있으면 외롭지 않고 나를 이해해주는 것 같아서 좋았어."

준이가 대들듯이 반항하며 말한다.

"그래도 그렇지. 학생의 신분으로서 절대 하지 말아야 될 것들이 있는데… 준아! 담배도 피우니?"

"얼마 전에 친구가 자꾸 권해서 몇 번 피워봤어. 우리 학교가 담배 피우기로 소문났거든. 매일 학교에서 니코틴 지수 검사받고 있어."

엄마는 점점 마음이 어두워진다.

"아빠가 얼마나 속상하겠니? 준이 하나 보고 사는데. 착하던 준이가 어쩌다 이렇게 됐어?… 모든 게 아들을 잘 못 키운 이 엄마 잘못이다. 아무튼 아빠 조금 있으면 집에 도착할 거니까 얼른 대충 옷하고 책가방 챙겨갖고 엄마 집으로 와."

"생각해 보고."

준이가 담담히 말한다.

"안돼 아빠 성격 알잖아. 아빠 오면 준이 살아남기 힘들어. 빨리 짐 챙겨 갖고 와"

엄마는 마음이 급해진다. 불같은 성격에 손부터 날아가는 아빠이기에 집에 도착하면 준이가 얼마나 맞을지 걱정되기 때문이다.

"힘들면 엄마가 데리러 갈까?"

"아냐, 일단 장호 집에서 좀 있다가 갈게."

"알았어. 너무 늦게까지 있지 말고. 서울대병원 약 꼭 챙겨와."

"어."

게임을 좋아하는 아들을 위해 큰 방을 부지런히 꾸미느라 엄마의 손길이 바빠진다. 쓰지 않던 컴퓨터와 TV를 열심히 손보는 사이 저녁때쯤 되어 친구와 같이 터덜터덜 준이가 들어섰다.

"어서들 와. 오래간만이네. 장호! 잘 지냈니?"

"네"

"준이 짐 들고 오느라 고생했네. 고마워."

"저는 괜찮은데 준이가 술을 마셔서 어지러운 가 봐요"

"비 오는데 여기까지 오느라 힘들었겠다. 저녁 안 먹었지?"

"네"

장호가 맑게 웃으며 짐을 내려놓았다.

"배고프겠다. 친구도 왔고 준이랑 얘기도 할 겸 밖에 나가서 먹는 건 어때?"

장호와 준이를 반기며 엄마가 묻는다.

"좋아요."

"나도 좋아."

"구적거리는데 잠실까지 오느라 고생했어. 맛난 거 먹으러 가자. 좋아하는 거 먹기다. 우리 뭐 먹으러 갈까?"

속상했던 마음은 진정되고 아들을 보자 반가워진 엄마는 기분 좋게 두 아이의 의견을 구한다. 장호가 생각에 잠기더니

"비 오니까 감자탕이 당기네요."

"감자탕! 좋지~ 준이도 괜찮니?"

"어! 좋아"

"오케이"

감자를 유난히 좋아하는 엄마가 반짝반짝 눈을 빛내며 밝게 말한다.

"요 근처에 감자탕 잘하는 집 있는데 거기 갈까? 요즘 방송 타서 그런지 줄 서서 기다려야 먹을 수 있는 곳이야. 조금만 걸으면 돼. 그럼 '옛날 감자탕' 집으로 고고!"

준이도 언제 자신이 사고를 쳤냐는 듯 장호와 장난치며 걸어간다. 그런 준이를 보며 엄마는 엊그제 걸어 다닌 것 같은데 어느새 훌쩍 커버린 아들을 보니 세월이 참 빠르단 생각을 하며 걷다보니 감자탕 집에 도착했다. 운이 좋은 날인지 기다리지 않고 음식을 먹게 되었다. 보글보글 얼큰하게 먹음직스러운 감자탕이 나오자 모두들 군침이 돈다.

음식이 나오고 조금 후 도착한 새아빠가 웃으며 준이와 장호를 반긴다.

"준이 왔구나! 장호도 반갑다!"

"안녕하세요?"

두 아이는 쑥스러워하며 인사한다.

"아들! 보고 싶었어. 잘 왔어. 녀석들! 이제 나보다 크네!"

"저도 보고 싶었어요."

준이가 살며시 웃으며 새아빠를 바라보았다.

"여보! 시간 맞춰 잘 왔네요. 오늘도 수고하셨어요."

"우리 아들이랑 장호가 여까지 오느라 고생했지."

"자! 비요일에 오느라 수고들 했어. 방학도 했으니 마음 편히 먹자."

"그래! 맛있게들 먹어라. 잘 먹어야 쑥쑥 크고 건강하지."

엄마와 새아빠가 듬직해 보이는 준이와 장호를 자상한 눈길로 바라보며 말한다.

"네, 잘 먹겠습니다."

장호가 수줍게 웃으며 수저를 든다.

"장호랑 준이 매운 거 먹을 수 있니? 약간 매울 수도 있겠다."

"걱정 마세요. 매운 거 좋아해요."

"나도 매운 거 잘 먹어."

"여보! 우리보다 애들이 매운 거 잘 먹네."

"그러게요. 여보는 초딩 입맛이라 매운거 못먹는데."

준이와 장호가 새아빠를 보며 웃는다.

"매운 음식이 맛있는 것 많은데 어떡해요?"

준이가 안됐다는 듯이 새아빠를 돌아본다.

"괜찮아. 아들! 좋아하는 것만 먹으면 돼."

"그래서 여보가 살이 안찌나봐요. 나랑 몸무게가 똑같으니."

새아빠가 시원하게 웃으며 목소리를 높인다.

"장호! 음료수 필요하면 시켜. 준이도 음료수 마실 거지?"

"네. 사이다 시킬게요."

"나는 환타 마실래요."

"준이도 음료수 좋아해서 걱정이다. 새아빠도 음료수 좋아하고. 어떡하냐?"

"쉽지 않겠지만 뭐 줄여볼게."

"혹시 너희들 감자탕 먹는데 술도 필요하니?"

한 쪽 눈을 찡긋 준이에게 윙크하며 특유의 허스키한 목소리로 새아빠가 묻는다.

"아니요, 노노. 이번에 호기심으로 마셔보니까 왜 이런 걸 어른들이 마시는지 이해가 안 되더라고요. 다시는 술 안 마실 거예요."

준이가 얼굴을 찡그리며 고개를 설레설레 흔든다.

"왜? 감자탕 먹으며 얼큰하게 한 잔 하시지?"

준이를 곱게 흘겨보며 엄마가 놀린다.

"엄마! 미안해. 내가 잘 못 했어. 다신 안 그럴게."

친구 장호도 한마디 한다.

"그러게 학생이 무슨 술이니, 야! 김준! 제대로 사고쳤다."

"술 마셔보니까 '웩' 쓰기만 하고 죽을 것 같았어. 다시는 안 마실 거야."

준이가 엄마 눈치를 살피며 말한다.

"아이 쪽팔려. 나 담배 피운다고 우리 동네 소문 다 났대."

"헐! 소문 빠르네."

걱정스러운 눈빛으로 장호가 혀를 찬다.

"아들! 어떻게 술 마실 생각을 했니? 아빠는 술, 담배도 안 하는데. 담배는 언제부터 피운거야?"

"얼마 안 됐어요. 최근에… 우리 반 아이들 몇 명이 자꾸 권하는 바람에 호기심이 생겨서… 담배 피우면 스트레스 풀릴 것 같은 생각이 들어서요."

"그러게 사춘기 때는 특히 친구를 잘 만나야 되는데… 어쩌다 우리 준이, 불량한 친구들과 어울리게 됐니? 미안하다 아들! 내가 더 세심하게 신경 쓰고 챙겨줬어야 되는데…"

"아니에요. 제가 잘 못 했어요."

준이는 바보 같은 짓을 한 자신이 미운 듯 머리를 세게 쥐어박았다.

"아들! 그런데 학생한테도 담배를 파는 곳이 있니?"

"우리 동네는."

"거기 가게 어디니?"

양심없이 학생한테 담배를 파는 어른이 누군지 엄마는 화가 났다.

"됐어. 이제 술, 담배 안 할게."

"요즘은 학교에서도 니코틴 지수 검사하니?"

"어."

"무엇보다 건강에 해롭고 지금 한참 성장기인데… 준이는 몸도 약하잖아. 술, 담배는 꼭 끊어야 돼. 나쁜 거는 아예 처음부터 배우지마. 어른들이 후회를 하면서도 잘 끊지 못하잖아. 더구나 준이는 약을 먹기 때문에 완전히 나을 때까진 술, 담배 하면 안 돼. 큰일 나. 알았지?"

몸이 허약한 아들이기에 걱정이 돼서 엄마는 준이를 보며 신신당부한다. 엄마가 집을 나오고 원인을 알 수 없는 병이 생겨 준이는 매일 약을 먹고 있다. 아직 어리기에 약을 잘 복용하면 치료가 될 수 있다고 한다.

"준아! 약 매일 먹고있지?"

"한 2번 정도는 깜박했어."

"하루라도 빼먹으면 효과없어. 그럴까봐 매일 약 먹을 시간에 전화하는거야."

"약 빼먹으면 의사 선생님이 혼내신다 했는데."

"준아! 육체의 가시땜에 귀찮지?"

"어. 약 먹을 때마다 사도 바울이 생각나."

"의로운 종 바울이 '이것이 고통스럽기에 내게서 떠나게 해달라'고, 세 번 주께 간구 했어도 들어 주지 않으셨지."

"하나님이 '내 은혜가 네게 족하도다 이는 내 능력이 약한 데서 온전하여 짐이라 하신지라' 하시므로 바울은 도리어 크게 기뻐하고 심지어 바울의 약점, 약한 것을 자랑했어."

"준이한테 육체적인 가시를 준것도 준이가 약할 때 하나님의 능력과 권능을 충만히 나타내주시기 위해서 주셨을거야."

"내가 교만해지지 말고 주님을 늘 의지하라고."

"응. 그니까 준이는 하나님의 손을 꼭 잡고 기도 많이 할거지?"

"어… 음."

"방학도 했는데 장호도 자고 가면 어떠니?"

"아니에요. 집에 가봐야 돼요. 아빠가 걱정하세요."

'하하하 호호호' 장난을 치며 아이들은 아무 일도 없었던 것처럼 돼지뼈에 붙은 살을 야무지게 뜯어 먹는다.

"너네들! 감자탕 맛 어때? 입에 맞니?"

"얼큰하고 끝내줘요."

"나는 매워서 그런가 생각보다 별로네."

"감자가 맛있네요. 여보."

"장호랑 준이, 밥 부족하면 더 시켜."

"네. 저는 공기밥 하나 추가할게요."

"아들! 공기밥 하나 시켜서 나눠먹을까?"

"좋아요. 한 공기는 많아요."

"우리 공주도 밥 더 시키지."

"많이 먹었어요. 아~ 불러 배."

아무거나 잘먹는 장호는 얼큰한 감자탕에 밥 두 공기를 후딱 해치우고 준이와 새아빠도 공기밥을 추가해서 국물 하나 남김없이 싹싹 긁어 먹는다.

"장호야! 오늘 고마웠어. 덕분에 맛나게 감자탕 잘 먹었다."

"그래. 고마워. 다음에 맛있는 거 또 먹자. 우리 준이 단속 좀 해주고."

"감사합니다. 감자탕 꿀맛이예요."

"야! 뚱띵. 고맙다."

"김빵! 사고치지 마라. 간다."

"아~ 고만해라. 담에 보자."

즐거운 식사 시간이 끝나고 우리 식구는 장호를 석촌역까지 태워다 주었다. 이렇게 해서 세 식구는 오랜만에 함께 여름방학을 보내게 되었다. 비록 준이가 사고를 쳐서 준이 아빠가 준이를 엄마에게 보냈지만 3년 만에 오롯이 준이와 지낼 생각을 하니 엄마는 잠을 이룰 수 없었다. 이 여름방학 동안 아들에게 조금이라도 뜻깊고 도움을 주는 일을 해주고 싶었기 때문이다.

준이도 이리 뒤척 저리 뒤척 잠이 오지 않는다. 준이 마음을 읽었는지 엄마가 부른다.

"울 아들! 잠 안 오니? 이리 와서 우리 같이 자자."

강아지 인형을 안고 온 준이가 엄마 옆에 눕는다.

"어려서는 엄마를 꼭 안고 자더니 요즘은 인형 안고 자니?"

"어."

"키만 컸지 아직은 애기네. 우리 아들."

"그렇게 누우니까 우리 공주랑 아들! 꼭 쌍둥이 같네. 똑같어."

새아빠가 흐뭇하게 바라보며 엄마와 준이를 안아준다.

그동안 못다 한 이야기를 하느라 시간 가는 줄 모르고 도란도란 이야기꽃을 피우다 새벽녘이 되어서야 세 식구는 꿈나라로 향했다.

2. 노란 머리로 변신을 하다

덥지만 열심히 꿈을 실어 나르는 7월의 끝자락으로 향하는 어느 날이었다.

덥다고 시원한 PC방에 더위를 식히고 돌아온 준이가 뭔가 할 말이 있는 듯 엄마의 눈치를 살핀다.

"저… 어… 엄마!"

"응?"

"엄마! 나 부탁이 있는데 들어줄 수 있어?"

"우리 왕자님 부탁인데 할 수 있는 건 도와줘야지. 뭔데?"

"미용실에서 염색하면 얼마나 들어?"

"미용실은 비싸지"

"그래?"

"나. 방학 때 해보고 싶은 게 몇 가지 있어."

"그래? 궁금하네, 준이가 하고 싶은 게 뭘까?"

"귀도 뚫고 싶고 반지도 끼고 싶고 밝은 노란색으로 염색도 하고 싶어."

"호호호. 우리 아들이 사춘기는 사춘기 맞나 보네. 준이는 조용하고 얌전해서 외모엔 관심 없는 줄 알았지. 우리 때는 가정형편이 어려워서 멋 부릴 생각은 아예 꿈도 못 꿨어. 그런데 아들, 학생인데 노란색으로 염색하면 너무 튀지 않을까? 엄마 근처엔 염색한 친구들 못 봤는데. 다 차분하고 수수한 학생들만 봐서."

"엄마가 몰라서 그래. 염색하고 다니는 애들 많아. 지금은 방학이잖아. 꼭 하고 싶어."

"노란 머리하고 교회 가면 집사님들이 놀랠텐데. 아들! 어쩐대? 안 해주면 미용실 가서라도 하고 올 것 같고."

엄마는 어쩔 수 없다는 듯 염색에 필요한 재료들을 준비한다.

"새아빠도 엄마가 염색 한번 안 해줬는데… 방학이니 하고 싶은 건 해봐야지. 그래, 해 줄게. 아들 덕분에 일일 미용사 한 번 돼보자."

몇 년 전 미용을 배워볼까 생각했었던 엄마는 그때를 떠올리며 호기심 어린 설렘에 기분 좋게 재료를 준비한다.

"자! 왕자님. 옷부터 갈아입고 여기 앉으세요. 옷에 묻지 않게 비닐 보자기도 두르고요. 염색 약도 비율 잘 맞춰서 저어 놨으니 이제 시작합니다."

이렇게 해서 엄마는 미용사가 되어 아들의 머리를 정성껏 차근차근 골고루 약을 바르며 열심히 빗어 주었다.

"엄마! 그러고 있으니까 꼭 미용사 같다. 잘 어울려."

준이는 기분이 좋은지 엄지손가락을 치켜들어 고마움을 표시한다.

"고마워 아들. 일일 미용사 시켜줘서. 우리 준이 볼수록 잘 생겼다. 짙은 눈썹, 또렷한 눈매, 오뚝한 코, 붉은 입술."

엄마는 사랑스러운 눈길로 준이를 쳐다본다.

"난 눈썹이 너무 진해서 싫은데, 그래서 끝부분 조금 밀었어."

"왜? 보기 좋은데. 가지런하고 진해서 얼굴이 또렷해 보여. 눈썹 선명해 보이려고 마스카라로 눈썹을 바르기도 하는데. 앞으로 눈썹에 손대지 마. 천만불짜리 황금 눈썹이야. 준이는 수려한 외모를 타고났으니 복받은 거야."

"아직은 잘 모르겠어."

준이는 늘 자신이 이상하게 생겼다고 여기기에 잘생긴거하고는 거리가 멀다고 생각했다.

"아들! 생각나니?"

세상을 다 얻은 것처럼 충만하고 싱그러웠던 준이 유아기를 엄마는 회상한다.

"준이 어렸을 때 업고 다니면 사람들이 다 딸인줄 알았어. 인형같이 생겼다고."

"헐! 진짜?"

"한번은 엄마가 엑스트라 알바하려고 면접보러 갔는데 준

이도 데리고 갔어. 파마 머리에 긴 속눈썹을 깜박이며 엄마 옆에 놀고있는 준이를 보더니 감독님이

“아이가 참 귀엽게 생겼네요.카메라 테스트 한번 해볼게요.” 하시더니

“어머니! 잘 보세요. 여러 각도에서 찍어보았는데 아이가 각이 살아있고 카메라가 아주 잘 받네요.”

“아이 데리고 어디 나가면 그 소리 많이 들었어요. 카메라 테스트 받으러 오라고 명함 많이 받았지요.”

“그러셨구나. 이대로 커주면 표지모델 해도 되겠어요.”

하셨어. 엄마는 또 무언가 기억이 떠올랐는지

“아들! 재미난거 생각났어.

“내 애기야?”

“응”

“무슨말 하시려고. 이상한 애기하면 안 들을래.”

“준이가 4살 때야. 엄마랑 극장에 갔는데 그날 학생들이 많았어. 영화 시작 전 광고 방송을 할 때였어. 극장에 오자 신기한지 준이가 여기저기 돌아다니며 아무 형아나 누나 무릎에 앉아 해맑게 웃었지. 그러면 예쁘다고 학생들이 팝콘을 주었어. 넙죽넙죽 잘 받아먹고 신나게 뛰어다니더니 마지막엔 극장 무대까지 올라갔어. 아 그러더니 씩 웃으며 개다리 춤을 추는거야. 형아와 누나들이 준이 보고 ‘어머! 저 꼬마 좀 봐, 하하하!’ 손뼉치며 귀엽다고 깔깔깔 함박 웃음

을 지었어."

"정말이야?"

믿기지 않는 듯 의심의 눈초리로 준이가 묻는다.

"상상이 안되는데… 엄마! 여드름도 없애고 싶은데 어떻게 해야 되지?"

엄마는 준이의 이마를 까고 자세히 들여다본다.

"지난번보다 많이 없어졌네. 올해 지나면 깨끗해질 거야."

"엄마! 나 얼굴 삭았나 봐. 이제 피부도 관리하고 싶어."

준이가 심각한 얼굴로 말했다.

"하하하. 이제 중2인데 뭘 그래. 폼클렌징 사줄게. 그거 써봐 효과 있을 거야. 과일도 많이 먹고 물도 많이 마셔줘야 해. 충분히 수면도 취해야 피부가 고와져."

"그런가?"

"준이 늦게 자니까 잠이 많이 부족할 거야. 오늘부터 일찍 자도록 노력하자. 어떤 엄마는 동안 피부를 유지하기 위해 밤 10시가 되면 만사 제쳐놓고 잔데. 엄마도 피부 미인 한번 돼보게 준이가 도와주라."

"헐. 귀여운 엄마네."

"그렇지. 호호호."

"우리 아들 선크림 바르니?"

"아니."

“매일 선크림 발라줘. 피부가 좋아해. 세숫비누로 세안만 하지 말고. 귀찮으면 고양이 세수할 때 많지?”

“어어! 어떻게 알았지?”

엄마는 살짝 웃음이 감돈다.

“매일 폼클렌징하는 거 잊지 마.”

“오케이.”

“아들! 담배 피우면 피부도 검어지고 일찍 늙는다. 피부 좋아지고 싶으면 담배는 다신 피우지 마.”

“알았어… 안 피울 거야.”

“방학 동안 열심히 팩해보자. 피부미남 돼서 아빠가 몰라보면 어쩌니?”

“픽. 그럴 리가…”

“준이가 몰라보게 멋있어져서 아빠가 팩하고 쓰러지면 어쩌지?”

“설마… 크크큭.”

킥킥대며 두런두런 모자의 대화가 오가는 동안 준이의 머리가 변신을 하고 있었다.

“아들 이제 다 된 것 같은데 머리 감아볼까?”

“얼마나 됐지?”

“사십 분 정도 됐어.”

“으음, 이제 슬슬 머리 풀어볼까?”

“엄마가 해줄까?”

"괜찮겠어?"

"당근이지. 일일 미용사 하기로 했으니 끝까지 해야지."

엄마는 신난 듯 정성껏 깨끗하게 샴푸와 머릿결 좋아지는 'WOWREAL' 헤어팩으로 마무리해 주었다.

"어때? 아들. 맘에 들어?"

준이는 이쪽 저쪽 열심히 거울을 들여다본다.

"괜찮네. 더 노랗게 할 수는 없나?"

"지금 안이라 그렇지 밖에서 보면 더 진해. 밝은 노란빛으로 염색됐어. 발랄하고 어려 보여. 만화 주인공 같아."

"진짜야?"

"으음. 어울려 여기서 더 염색하면 머릿결 나빠져."

"아빠가 보면 엄마도 혼나겠다. 학생이 머리가 그게 뭐냐고?"

"그치, 아빠는 이해 못 하지."

"아빠가 정상이고 우리가 비정상이지."

"그런가? 걱정 마. 개학 전엔 원상복귀해 놓을게."

"엄마가 한번 더 일일 미용사 돼줘야겠네?"

"응. 한번 더 도와줘."

"오케이. 여름방학 동안에만 하고 싶은 거 시원하게 해보고 개학하고 나선 공부에 힘써보자."

"노력해볼게."

"준이가 마음에 든다던 울트라 패션 검색해보니까 특이한

제품들이 않더라. 스탠더드 화이트 흰색 티는 품절됐다고 해서 스탠더드 블랙 반팔 티랑 십자가 실버 반지 접수했어."

"고마워."

"아냐. 엄마가 고맙지. 어려서부터 엄마가 일하느라 잘 돌봐주지 못해 미안하고 안쓰러운데 이렇게 잘 커준 우리 아들이 고맙지. 엄마가 준이 많이 사랑하는 거 알지?"

"어. 나도 사랑해."

"모래는 울트라 패션 제품으로 멋지게 차려입고 교회 가는 거다. 알았지?"

"어."

3. 성광 중앙교회 가는 날

"사랑하는 아들! 어서 일어나."

"아! 졸려. 더 잘 거야. 깨우지 마."

"정신 차리고 교회 가야지."

"아! 싫어. 교회 안 갈 거야. 엄마나 가."

준이는 짜증을 낸다.

"안돼. 준이야! 하나님이 준이 기다리고 계셔."

"솔직히 하나님 계신지 잘 모르겠어."

"그런 말하면 하나님 슬프셔."

예배시간은 다 되어 가는데 꾸물꾸물 바쁠 것이 없는 아들을 데리고 교회를 가자니 엄마는 참을 인자 몇 개가 필요했는지 모른다. 속에서는 천불이 났지만 사춘기인 아이가 조심스러워 애가 탄다.

'아버지! 이 어리석고 부족한 어미를 용서하여 주시옵소서. 제가 부족한 어미인지라 사랑하는 준이를 하나님의 자녀로 올바르게 양육하지 못하였음을 회개하오니 불쌍히 여겨 주시옵소서. 세상 그 무엇보다 아들의 영혼 구원을 위해서 깨어서 기도했어야 했는데, 바쁘다는 핑계로 그렇게 하지 못하였습니다. 우리 구주 예수그리스도의 이름으로 기도드리옵나이다. 아멘'

"엄마! 교회 조금 늦게 가도 되잖아? 좀 늦게 가면 그만큼 목사님 설교 조금 들을 수 있잖아. 졸리고 지루해서 그래."

"준이가 아직 믿음이 없어서 그래. 하나님 말씀을 사모하면 졸리지도 않고 은혜 받아서 말씀 배우는 게 즐겁지. 하나님이 어떠한 분이신지 알게 되면 예배의 자리에 나갈 수 있다는 게 얼마나 큰 기쁨이고 복이란 걸 알게 돼."

"그런 날이 오기나 할까?"

"은혜를 달라고 기도하면 돼. 엄마가 열심히 기도해야지."

준이는 믿기지 않는다는 듯 투덜투덜 엄마를 따라간다.

"주일날 교회 올 때는 깨끗하고 하나님 경외하는 마음을 가지고 주일을 기쁨으로 온전하게 지켜야 되는 거야. 돈 주고도 세상의 광야에서는 살 수 없는 안식을 하나님 자녀에게는 주일날 주셨지. 아들! 듣고 있니?"

"네네."

엄마는 믿음 없는 아들을 데리고 잔소리하며 걷다 보니 교회에 도착했다.

서울 송파구 삼학사로 29에 위치한 대한 예수교 장로회 성광 중앙교회. 올해 35돌을 맞이한 '에배소서 4장 13절 말씀, 그리스도의 장성한 분량이 충만한 데까지 이르는 자가 되라'는 표어를 내건 바른 교리 위에 말씀의 권위를 내세우는 바른 교회이다.

은혜 받으러 가는 우리를 시기하듯 무더위가 심술을 부렸지만 화사한 미소로 준이와 엄마를 축복해주는 장로님과 권사님, 성도님들의 섬김을 받으며 교회에 들어서니 마음에 기쁨이 충만했다. 올해 세상에 나올, 유경 자매 뱃속에서 하나님을 찬양하고 있을 아기와 갓난아기 때부터 교회 예배드리는 백옥같은 피부의 하늘이, 자기 키보다 더 큰 노란색 가방을 메고 배명철 장로님 무릎에 앉았다 박정자 집사님 무릎으로 온 깜찍이 예솔이, 잘생기고 똑똑한 민하, 민서 형제, 선생님들을 잘 따르며 성경 공부하는 귀요미 포도나무반 아이들이 활짝 웃으며 성광 중앙교회 성도님들의 따뜻한 사랑을 받으며 뛰놀고 있었다. 육적으로 피를 나눈 피붙이는 아니라도 그리스도 안에서 영적으로 하나로 연합돼 있는 가족이라 눈빛만 봐도 정감이 가고 사랑이 넘친다. 모처럼 교회에 온 준이는 자기와 비슷한 또래인 중 고등부 학생들을 흘끔 쳐다본다.

"준아. 친구들 옆에 가서 앉을까?"

"아냐. 불편해."

"교회 자주 나와서 예배 드리고 교제를 나누면 은혜도 되고 준이에게 유익한 점이 많을거야."

"아직은 불편해. 친한 친구도 없고. 부담스러워."

"차차 나아지겠지. 그럼 오늘은 엄마 옆에 앉아서 예배드리자."

"엄마! 뒤에 앉고 싶은데."

"안돼! 뒤에 앉으면 마음이 헤이해져."

"꼭. 꼭 이 자리만 있어야 돼?"

"응. 있잖아! 대체적으로 공부 못하는 학생이 뒤에 앉고 싶어하잖아. 믿음도 마찬가지야. 엄마도 뒷자리 앉아 봤는데 확실히 앞에 앉을 때와 정신 상태가 달라지드라."

"아 참! 자리도 맘대로 못 앉고. 아~ 짱나."

뒷자리 가서 앉으면 준이가 분명히 엎어져 잘 것을 알기에 엄마는 자리 만큼은 준이의 의견에 따를 수 없다고 생각한다. 바른 교리 위에 오로지 말씀의 권위를 세우며 성광 중앙교회 성도들을 하나님의 온전한 자녀로 이끌어가시는 신실한 목회자를 만나 주일을 온전하게 보낼 수 있어 감사한 마음으로 하나님께 묵도한다.

예배가 시작되고 한은광 담임목사님께서 기도를 하시는데 옆에 앉은 준이 녀석, 봉지에서 물건을 꺼내느라 부스럭거린다. 언제 준비해왔는지 준이의 시선을 강탈한 세련되고 저렴한 옷, 경기도 부천에 있는 울트라 패션의 블랙 반팔 티를 걸쳐 입고 조용히 속삭인다.

"엄마! 이 티 내가 주문한 거랑 다르네. 등 뒤에 영어 써져 있는 게 좋은데 이건 없네…"

"그래! 준이가 알려준 대로 시켰는데…"

엄마는 힘들게 주문해서 사줬는데 맘에 안 들어 하는 아들을 보니 속상했다.

준이는 몇 번씩 손거울을 보며 온통 신경이 옷에 가 있다. 잠시 후면 목사님 설교 말씀이 있을 터인데, 이번에는 또 반지를 오른손에 꼈다 왼손에 꼈다 하더니 헤드셋을 귀에 꽂고 하얀 모자를 푹 눌러쓴 채 눈을 감고 있다.

엄마는 속에서 천불이 나고 부끄러웠지만 꾹 참고 아들을 향해 속삭인다.

"모자 벗고 헤드셋 빼. 실내에선 모자 벗는 게 기본이야. 목사님 말씀 듣자."

엄마의 잔소리가 싫은지 이번에는 핸드폰을 켠다. 손톱으로 준이의 허벅지를 꼬집자 아들은 불만이 가득한 얼굴로 엄마를 쏘아본다.

한숨을 내쉬며 표정이 굳어있는 준이를 보며 엄마는 생각에 잠긴다.

'내가 주님을 알지 못하고 세상에서 길을 잃고 헤맬 때 우리 주님이 이런 심정이었겠구나. 돌아오라고 제발 돌아오라고 부르셨을 텐데. 눈멀고 귀가 멀고 마음의 문이 굳게 닫혀 있어서 하나님 음성을 듣지 못했을 때 얼마나 애가 타고 아프셨을까 생각하니 엄마는 가슴이 먹먹해진다. 부모로서 신앙의 모범을 보여주지 못했기에 준이가 저렇게 되었습니다. 그 무엇보다 하나님 아는 것이 제일 귀하고 소중한 것인데 그것을 이 어리석은 어미가 놓쳤습니다. 용서하여 주시옵소서.'

엄마도 하나님에 대해 알지 못했을 땐 목사님 설교시간에 자꾸 딴 생각들로 가득하고 졸려서 힘들었던 기억이 떠올라 준이가 저러는 것도 공감이 가므로 기도하는 수밖에 없구나 생각한다.

엄마의 힘으로는 절대 할 수 없기에 오로지 하나님께서 은혜를 베풀어주시고 준 이에게 말씀을 사모하는 마음을 심어주셔야만 가능한 일이기 때문이다.

하나님이 살아계시는지 잘 모르겠다는 준이를 위해 무엇을 해주어야 하는가 고민하며

'엄마의 기도는 하늘에 닿는다고 했던가?'

믿음 없는 준이의 모습을 보여주심으로써 엄마에게 더 깨어서 기도하고 말씀을 사모하고 말씀을 읽고 묵상하고 하나님의 뜻을 구하며 믿음의 반석 위에 굳건히 서있으라고 엄마를 일깨워 주시는 듯하다.

예배가 끝나고 점심 식사 시간이 돌아왔다. 오랜만에 교회에 온 준이를 보고 배소연 교육 간사님이

"오우! 준이야 반갑다. 패션왕 같다." 하며 반기니 준이는 기분이 좋아졌다.

"파이팅, 준아!"

준이의 손등을 마주치며 하이파이브를 하며 반가움을 드러내는 청년들…

"어! 김 집사님 아들 왔네. 반갑다."

준이를 보며 반기는 교회 성도님들. 목사님도 준이를 반기며 한마디 하신다.

"오우 준아! 반갑다. 자주 봤으면 좋겠다."

"네."

쑥스러워하며 준이가 말한다.

"준아! 점심 꼭 먹고 가. 맛있는 거 나올 거야."

오랜만에 교회에 나온 준이를 성도님들이 자상하게 챙긴다. 이번 주 식사 당번인 제1교구 권사님들께서 맛있는 비빔국수와 주먹밥을 준비하셨다. 교회를 위해 가장 헌신하시는 분들이다. 음식 솜씨도 좋으셔서 모두들 좋아하시고 맛있게 드셨다.

"준이도 비빔국수 좋아하는데 잘 됐다."

엄마는 미소 지으며

"준이야! 맛있게 먹어. 와아, 맛있겠다."

설교 시간엔 힘들어하더니 식사시간이 돌아오자 준이도 즐거운 표정이다. 교회 지체들과 어울려 맛있게 점심을 즐기는 준이를 보자 엄마도 웃음꽃이 핀다.

오늘은 울트라 패션의 반팔 티를 사주고 교회를 데리고 왔는데 다음엔 무엇으로 아들을 또 데리고 와야 되나 생각에 잠기며…

그때는 또 하나님께서 은혜를 베풀어주셔서 준이의 마음을 교회로 움직여 주시겠지 기대해보며 제1교구 모임 장소인 2층 소망방으로 엄마는 향한다.

준이도 맛있게 점심을 즐기고 중 고등 부 학생들과 교구 모임 하러 1층으로 갔다. 처음으로 교구 모임에 나온 준이를 선생님들이 격하게 환영해 주었다. 사도신경으로 신앙을 고백하고 교구 모임이 시작되었다. 준이는 엉덩이 붙이고 앉아 있으려니 좀이 쑤시듯 힘들었다.

"준아! 멋진 목소리로 부서모임교안을 읽어줄래?"

예비아빠 하일 샘이 부드럽게 말한다.

"네. 웨스트민스터 대요리문답강해. 제1문: 사람의 제일되며 가장 높은 최고의 목적은 무엇인가?

답: 사람의 제일되며 가장 높은 최고의 목적은 하나님을 영화롭게 하며, 영원토록 그를 온전히 즐거워하는 것이다.

관련성구

만물이 하나님의 기쁘신 뜻대로 창조되었다.

만물이 하나님을 위하여 존재한다.

무슨 일을 하든지 하나님을 영화롭게 하는 것이 우리의 의무이다.

하나님께서는 우리가 어떻게 하나님을 영화롭게 하고 그

영광 안에서 즐거워할 수 있는지를 교훈하신다."

"준아! 힘드니?"

"네. 조금요."

"처음이라 그래. 차차 나아질거야. 준아! 우리 토요일마다 배명고에서 축구하는데 같이 하자."

"생각해보고요."

"한 시간 땀흘려 뛰고나면 개운해진다. 축구 좋아하니?"

"초딩때까진 좋아했는데 게임에서 지고 난 후론 별로예요."

"준아. 오늘 교구모임 해보니까 어떠니?"

"배우는 것도 많고 은혜가 되네요."

"다음에 또 보자. 준아!"

"준이 오니까 좋다."

준이가 교구모임 끝나고 밖으로 나오니 엄마가 기다리고 계셨다.

"아들! 힘들었지?"

"조금. 엄마가 왜 교구모임 열심히 하는지 알것 같아."

얼굴이 밝아지며 엄마가 흐뭇해한다.

"히잉. 진짜?"

아들이 고맙고 은혜를 베풀어주시는 주님의 크신 사랑에 엄마는 성령 충만해진다.

전지전능하신 하나님만의 권능으로 주님 앞에 하나님의

신실한 자녀가 되어 돌아올 준이를 그려보면서 엄마는 온전하게 주일을 보내고 한 주간도 넉넉히 살아갈 힘을 얻고 발걸음 가볍게 은혜의 존전을 나간다.

이제 엄마보다 키가 커버린 사랑스러운 아들과 엄마는 나란히 걸으며 다음 주는 준이에게 어떤 은혜를 베풀어 주실지 기대하는 마음으로 기쁘게 집으로 향한다.

"아들. 주일날 교회오니까 좋지?"

"괜찮았어."

"담 주에도 올 거지?"

"응."

"좋았어."

엄마는 흐뭇한 미소를 지으며 "오늘 저녁은 준이 좋아하는 치킨 먹을까?"

"좋지"

오랜만에 사랑하는 아들과 예배드리고 집으로 향하는 엄마의 발걸음은 날아갈 듯 가볍다. 이것이 바로 복이구나 생각하니 값없이 주님께 받은 큰 은혜가 감사해서 눈물이 나오려 한다.

투덜대며 교회에 따라왔던 준이의 마음도 평안해진다.

"준아! 새아빠도 교회 나와야 하는데… 준이가 전도해봐."

"허억. 나도 억지로 엄마 땜에 끌려오는 건데…"

"히히히. 첨부터 좋아서 교회 나오는 사람 거의 없어. 하나님이 불러주셔야 올 수 있는 거야. 준이가 엄마 전도했잖아."

"노력해볼게."

"그래 준아! 우리 빡세게 기도하자."

엄마와 준이는 힘차게 '살아계신 주 나의 참된 소망'을 흥얼거리며 마주 보고 웃는다.

4. 오락실이 그렇게 재미있니?

몇 십년 만에 찾아온 무시무시한 녀석 열대야로 인해 몸살을 앓는 주말이었다. 더위도 식힐겸 온 가족이 준이가 좋아하는 신천역 주변 오락실로 향했다. 먹자골목 주변에 있는 번화가라 많은 젊은이 들로 붐볐다. 태어나 생전처음 오락실 나들이에 나선 엄마는 신기하고 재미있는지 바쁘게 눈동자를 돌리며 즐거워한다. 이곳저곳 구경하기 바쁘다.

학창시절 오락실에 자주 갔었다는 새아빠도 호기심 어린 눈으로 게임장을 둘러본다. 모두들 게임에 빠져 집중하며 즐기는 모습에 엄마, 새아빠도 즐거우신 모양이다. 얼마나 신났는지 초등학생 둘이 나란히 앉아서 '야~ 야~ 야~!' 큰 소리를 지르며 환호하는 모습에 모두의 시선이 아이들에게 집중되었다.

총을 쏘는 게임인 것 같은데 너무 흥분한 나머지 게임장이 떠나가라 소리 지르며 즐기고 있었다.

"핫핫하. 이래서 준이가 오락실에 오고 싶어 하는구나. 재미있는 게임도 많고, 그렇죠 여보?"

"그러게. 공주님!"

"아! 저기 농구 게임도 있네. 우리 농구해볼까요? 재밌겠네요. 여보가 해보세요. 이 공주는 왼쪽 어깨가 아파서 무리하면 큰일 나요."

"아! 그렇지."

실내 농구 골대 앞에 선 새아빠, 집중해서 골대를 바라보는 눈에 비장함이 묻어난다. 게임이 시작되고 손이 점점 빨라지며 열심히 슛을 던지는 남편의 이마에 맺히는 땀방울을 보며 보기 좋은 듯 엄마는 빙그레 웃는다.

"구경만 해도 재밌네. 나중에 어깨 회복되면 나도 한번 해봐야겠네요. 호호."

두 분은 나란히 손잡고 몇 발짝 걸어 준이 앞에 멈춘다. 신들린 듯 현란한 음악에 맞춰 게임하는 준이를 보며

"와아! 우리 아들 잘 한다."

노란 머리에 모델 같은 몸매, 잘생긴 얼굴, 어딜 가나 돋보이는 아들이다.

"히야! 빠르네. 손가락이 안보여. 아들! 게임 좋아하면 재미있는 게임 하나 개발해봐."

"헐. 그거는 어려워요. 컴퓨터를 잘해야 돼요."

"당연히 그쪽 분야에 공부 많이 해야되겠지. 게임산업은 앞으로도 무궁무진 할거야."

사춘기가 한창인 중2 아들을 이해하고 싶어 두 분은 친히 오락실로 여행을 온 것이다. 진지한 얼굴로 게임 삼매경에 빠져있는 아들을 바라보며 엄마와 새아빠는 마음속으로 간절히 기도한다.

지혜롭게 사춘기를 잘 넘어가 주길…

5. 잠실 야구 경기장을 가다

운동이라면 달리기 외에 잘하는 것이 없는 엄마, 반대로 몸이 잽싸고 빨라 운동신경이 뛰어난 새아빠, 유일하게 월드컵 축구할 때 빼곤 스포츠에 관심 없었던 엄마가 남편의 야구사랑 덕분에 슬슬 야구에도 관심을 가지게 되었다.

야구장 근처에 가깝게 살지만 49년이 지나도록 야구장 한 번 가본 적이 없었다. 며칠 전 저녁때쯤이었다. 싱글벙글 웃으며 새아빠가 집에 들어왔다.

"수고하셨어요. 무슨 좋은 일이라도 있어요? 기분 좋다고 얼굴에 쓰여있네요."

엄마가 새아빠를 반기며 말씀하신다.

"그래 보여 여보?"

"네."

"내가 태어나서 처음으로 경품에 당첨됐지 뭐야!"

새아빠가 신나서 자랑한다.

"어머!! 그래요? 뭔지 궁금하다?"

"여보! 내가 야구팬이잖아?"

"그렇지요"

"내가 응원하는 팀이 어디지?"

"기아타이거즈요?

"음. 그렇지. 아까 문자가 왔어. 경품에 당첨됐다고. 기아 마크가 씐 빨간 모자래."

"어머! 잘 됐네요. 축하해요. 빨간 모자 예쁘겠다."

"그래서 말인데 우리 준이 데리고 빨간 모자 쓰고 야구 보러 갈까? 마침 프로야구도 개막했고 내 꿈이 잘생긴 아들과 함께 야구장 가는 거야."

"야구장? 나도 한 번도 안 가봤는데… 준이도 안 가봤을 거예요. 준이 아빠는 움직이는 거 귀찮아해서 가족끼리 어디 가 본 기억이 없어요. 늘 준이와 나만 돌아다녔죠. 그래서 준이에게 미안하고 안쓰러웠어요. 화목한 가정의 추억을 만들어 주지 못해서…"

"준이가 게임과 오락실에 너무 빠져 있는 것 같아 고민해봤지. 아이들에게 별 도움이 안 되는 게임과 오락실 말고 다른 곳에 뭔가 활동적인 것으로 몸과 마음을 표출하는 게 건강에 좋을 것 같아서 집 하고도 가까운 잠실 야구장에 가는 게 어떨까 해서 표를 끊어왔어. 얼마나 사람들이 많은지 몇 시간을 기다려 힘들게 기아와 두산의 경기를 예매해놨지.

준이가 좋아하려나?"

"그럼요. 좋아할 거예요. 아들보다 내가 더 신났네요. 호호 기대된다."

이렇게 새아빠의 애씀으로 더위가 기승을 부리는 토요일 오후에 빨간 기아 모자를 쓰고 흰 티와 반바지 차림으로 세 식구는 잠실야구장으로 향했다.

온가족은 정답게 손을 잡고 모처럼 추억을 담기 위해 종합 운동장에 도착했다.

"와아! 이렇게 많은 사람들이 야구를 보러 오는 거야? 신기하다. 아들! 어때? 야구 좋아하니?"

새아빠는 기분이 좋은지 입을 다물지 못한다.

"글쎄요. 야구는 그다지 관심 없는데…"

"모처럼 왔으니까 즐겨보자. 아들!"

"네."

"준이 먹을 것 좀 사 가야지. 응원하다 보면 배고플 거야."

"살짝 출출하긴 하네요."

경기장 밖에선 많은 인파들이 먹거리를 구경하며 즐거워하는 모습이었다.

"아들이랑 공주님도 맛있는 거 사야지요?"

새아빠가 우리 모자를 사랑스러운 눈길로 바라보며 즐거워하셨다.

준이는 치킨이랑 감자튀김, 파워 레이드를, 엄마는 부추

전과 데미 소다를, 새아빠는 문어다리와 캔맥주를 사가지고 호기심 어린 눈으로 경기장으로 향했다.

우리 좌석은 3루 네이비색 시야 방해석 333블록 11열 4, 5, 6번 좌석으로 경기가 비교적 잘 보이는 곳이었다.

새아빠는 신났는지 어느새 기아 파이팅이라고 쓴 응원용 노란 고무풍선을 사 왔다.

"준이 덕분에 야구장을 다 와보네. 여보! 좋다. 실제로 와 보니 정말 멋지네."

"그렇지 여보! 신나게 즐겨."

새아빠는 싱글벙글 준이를 향해

"아들! 어때? 멋있지?"

"네. 좋아요. 실제로 보니까 짱 멋져요."

야구에 관심 없다던 준이도 볼거리 많은 야구장의 이모저모 스릴에 환호를 질렀다.

이렇게 많은 사람들이 야구장을 메울 줄 미쳐 생각지 못한 엄마와 새아빠는 얼굴에 행복이 묻어 나왔다.

누구보다 볼이 상기되고 눈이 동그라진 준이의 시야를 잡은 건 기아와 두산 양 팀의 상큼한 치어리더였다.

이성에 관심이 많은 시기이다 보니 관중석을 채운 많은 여학생들과 치어리더에게서 눈을 떼지 못한다.

그 모습이 귀엽고 즐거워서 엄마는 슬며시 미소가 번진다. 준이의 마음을 알아차린 엄마가 장난스럽게 묻는다.

“준아! 치어리더 예쁘다. 그치? 어느 팀이 맘에 들어?” 좋아서 날아갈 것 같은 표정으로 아들이 말한다.

“음. 흰색 유니폼을 입은 두산 팀이 조금 더 발랄하고 귀여워 보이네.”

“그래? 엄마는 빨간색을 좋아해서 그런지 열정적으로 응원하는 기아 팀 치어리더가 예쁘네. 여보! 준이가 치어리더에게서 눈을 떼지 못하네.”

엄마는 웃음 띤 얼굴로 남편에게 귓속말을 한다. 남편은 씩 웃으며

“아들! 좋아죽겠지?”

“히히. 네에.”

“솔직히 야구보다 치어리더 보는 게 더 신나지?”

준이는 수줍게 웃으며 “어떻게 아셨어요?” 하고 묻는다.

“준이 나이 때 이 아빠도 많이 놀아봐서 알지.”

새아빠와 준이는 입꼬리가 올라가며 즐거워한다. 아들과 남편을 바라보며 엄마도 덩달아 행복해 웃었다.

“호호호”

세 식구가 즐거워하며 ‘호호호’ 웃고 있을 때 기아 팬들이 노란 풍선을 두드리며 함성을 질렀다. 기아의 이범호 선수가 홈런을 쳤기 때문이다.

“야하아아!”

준이와 새아빠는 손등으로 하이 파이브를 그리며 신나서

목이 터져라 소리 지른다.

"이범호 파이팅! 최강 기아 파이팅!"

우리 모두 기아 팬이 되어 생전 처음 야구장에서 시원하게 응원한다. 문득 올려다본 하늘의 모습이 환호하는 관중처럼 붉은 노을로 수놓아져 장관을 이루고 있었다.

"와우! 대박 멋지다. 사진에 담아야겠다."

준이와 새아빠는 싱글벙글 열심히 셔터를 누른다. 양 팀의 응원전도 활기찼다. 기아 팀의 기분 좋아지는 빨간 티와 노란 풍선, 두산 팀의 깔끔한 흰색 티와 반짝이는 핸드폰 케이스 뒤쪽에서 비치는 빛으로 인해 열광적인 응원의 장사진을 이루었다.

3시간의 걸친 화려한 경기는 두산의 승으로 넘어갔지만 승부와 관계없이 태어나 처음 경험하는 새로운 세계로의 첫발을 내딛는 설렘에 기쁨을 안겨주는 날이었다.

"아들! 실제로 야구장 와보니 어땠어?"

붉어진 볼 만큼이나 마음도 빨갛게 활기차진 준이는 오늘의 느낌을 이렇게 표현한다.

"에! 야구에선 사람이 점수를 내므로 공에 집착하지 않아서 좋고 둘째는 경기 중 관중들에게 많은 공을 선사해서 즐겁고 셋째는 공들은 떠나고 사람은 집에 돌아오는 인간미가 있어서 좋아요."

"우아! 야구 속에 철학이 들어있네. 울 아들 야구장 데려가길 잘했네."

두 분은 이 새로운 경험이 아들에게 오랫동안 좋은 추억으로 남게 되길 소망하며 뿌듯한 마음으로 집으로 향한다.

6. 영혼의 양식을 먹다

믿음이 없는 아들을 위해 어떻게 하면 도움을 줄 수 있을까 고민하던 엄마 김 집사, 좋은 생각이 떠오른다.

'오랜만에 아들 좋아하는 간식을 만들어놓고 성경을 같이 공부하는 시간을 가질까?'

요리에는 젬병인 김 집사. 오늘만큼은 기쁜 마음으로 재료를 준비한다.

없는 솜씨에 정성껏 공들여 드디어 완성된 특별 다과. 예쁜 접시에 담아 꽃과 함께 식탁에 준비하는 사이 스트레스 날려 보낸다고 오락실로 피서 갔던 아들이 코를 벌름거리며 들어온다.

"와! 고소한 냄새. 웬일이래요. 공주님이 요리를 다하시고?"

새아빠가 엄마를 부르는 호칭이 '공주'이다.

"사랑하는 준이 왕자님을 위해서 준비했지요."

"오늘의 요리는 뭡니까?"

“왕자님이 어릴 적 좋아했던 감자 피자이지요.”

“내가 어려서 감자피자를 좋아했었나?”

“으응! 맛있다고 곧잘 먹곤 했어.”

“그럼 한번 먹어볼까?”

아들은 젓가락으로 감자피자 한 덩이를 입안에 넣고 시식을 한다.

“으음! 고소하고 아삭아삭 씹히네. 맛있네. 엄마가 이런 것도 할 줄 아네!”

아들의 칭찬을 받고 표정이 환해진 엄마는

“내가 안 해서 그렇지 하면 잘해. 엄마가 오랫동안 식당에서 주방보조로 일했잖아.”

“아~ 조금 생각난다.”

“우리가 충남 홍성에서 살 때 준이 태어나고 한 달 뒤부터 엄마가 식당에서 일했었거든. 5일장 서는 날이면 할머니가 준이 업고 식당에 오셔서 한정식을 드시고 준이 얼굴을 보여주곤 했었어.”

“헉.”

“그때는 형편이 어려워 엄마가 일을 해야만 되는 상황이었지. 우리 준이한테 많이 미안하고 안쓰러웠어. 할머니 등에 업혀 논으로 밭으로 데리고 다니시며 막 키우셨어.”

“아! 할아버지 생각나 엄마.”

“할아버지가 우리 준이 끔찍이 예뻐하셨지.”

"시골에서 일하시다 소의 뒷발에 눈을 다쳐 한쪽 시력을 잃었다고 하셨어."

"기억하는구나. 아들! 한 달에 두 번 엄마 일 쉬는 날 엄마가 정성 들여 감자 피자 해드리면 할아버지와 준이 맛나게 드시곤 했지. 아들!"

"왜?"

"홍성하면 떠오르는거 있니?"

"딱히… 별로."

"갑자기 그 생각이 지나간다."

"어떤거?"

엄마가 무슨말을 하려나 아들은 궁금해진다.

"사락사락 눈발이 내리는 겨울이었어. 엄마가 일하는 식당 고깃집에 손님들이 벌떼같이 몰려들어 미친듯이 전쟁을 치르고 한숨 돌리고 있는데 어떤 분이 혼자 식사하러 오셨어. 마침 할머니랑 준이도 와 있었고. 주문 받으러 메뉴판을 들고가서 '손님'하고 보았더니 어디서 많이 본 것 같았어."

준이는 엄마의 다음 말이 궁금해진다.

"자세히 보니 온통 하얀색 한복을 입고 얼굴도 하얗게 화장하고 눈썹을 까맣게 칠한 평범한 사람이 아니었어. 이때 엄마 옆에서 왔다갔다 하던 준이가 그 분을 발견하고 엄마 옆에 붙어서서 눈을 찡그리며

"무서워요! 귀신이에요? 그러는거야. 엄마는 당황스러웠

어. 어린 준이의 물음에 그 손님은 기분 나빠하지 않고 소리 없이 웃기만 하셨어."

준이가 궁금하다는 듯 엄마의 대답을 기다린다.

"그 분이 누군데?"

"지금은 고인이 되신 세계적인 디자이너 앙드레드김 선생님이셔."

"아~ 진짜? 어쩔~"

"응. 그 유명하신 분이 그 식당에 올 줄 꿈엔들 상상이나 했겠어?"

"아휴~ 그런 분한테 내가 그런 말을 하다니…"

"어린아이 눈에는 무서워 보일 수 있어. 온통 흰색 차림에 깜장색으로 눈화장을 했으니 말이야. 준이 때문에 홍성은 언제까지나 기억에 남을 것 같아. 수다 떨다보니 조금 배고프다. 호호! 엄마표 감자 피자 먹자."

"공주님! 드세요. 안 하던 요리하느라 애쓰셨는데… 맛있네 이거! 가끔 해주세요. 김 집사님!"

"그러지요. 왕자님! 육의 양식을 먹었으니. 자! 이번엔 달기가 꿀같은 영의 양식, 신령한 양식을 먹어볼까요?"

"집사님! 신령한 양식 오늘은 건너뛰면 안 되나요? 피곤한데요."

"아이고오! 우리 왕자님 피곤하시구나~ 그럴수록 편식하지 말고 은혜의 보약으로 영육이 강건해져야지요. 미래에 하나님 나라 큰 일꾼이 될 준이 학생! 성령의 조명으로 말씀의 빛을 비춰달라고 기도할게요."

맥체인 성경 읽기 표를 꺼내 따뜻한 미소를 지으며 김 집사는 말한다.

"월요일 읽어야 할 말씀은 사무엘상 20장, 고린도전서 2장, 시편 36장, 디모데후서 3장이네요. 왕자님! 우리 기도합시다."

준이와 김 집사, 두 눈을 꼭 감고 두 손 모아 기도한다. 두 성도의 경건한 기도 소리가 아름답게 창을 넘어 옆집으로 울려 퍼진다.

오늘 해야 될 분량의 성경을 읽고 말씀 나눔으로 들어간다.

"준이 학생! 오늘 성경 말씀을 읽고 느꼈던 점을 표현해주세요."

자세를 똑바로 고쳐앉으며 준이가 힘있게 발표한다.

"모든 성경은 하나님의 감동으로 된 것으로 교훈과 책망과 바르게 함과 의로 교육하기에 유익하니. 디모데후서 3장 16절 말씀이 깊이 와닿았어요."

"아멘."

김 집사는 기쁨이 가득한 표정으로 준이를 바라본다.

"어머! 신기해라. 엄마도 그 말씀에 은혜받았는데 우리 둘이 같은 말씀을 주셨네. 감사해라!"

"아멘."

준이도 은혜 받았는지 아멘으로 화답한다.

“하나님 자녀는 날마다 유익한 성경을 읽고 묵상하고 기도해야 선하신 그리스도의 형상을 닮아 세상에 덕이 되고 유익을 끼치는 빛의 자녀로 살아갈 수 있지. 아들!”

“왜 또?”

“아들! 사랑한다고!”

“나도 사랑해.”

“아들! 내일도 가정에서 예배드리자.”

“몰라. 꼭 그렇게까지 해야 돼?”

“물론이지. 하나님이 기뻐하는 일이니까. 엄마는 새벽예배도 준이랑 드리고 싶은걸. 글쎄 오늘 새벽에 다섯 살짜리 민하가 민하 아빠랑 새벽기도 나왔어.”

“으아! 참말이야?”

“응. 졸지도 않고 조용히 앉아서 찬송을 부르는데 어찌나 기특하던지. 어른도 새벽 기도 힘든데 그 어린 것이… ‘민하네 부모가 참 신실하구나’ 다시 한 번 느끼며 엄마가 많이 회개했지.”

준이가 편치 않은 얼굴로 불만을 드러낸다.

“난 자신 없어. 못 일어나.”

“알지. 저녁에 늦게 자니 당연히 힘들지. 달콤한 잠과의 유혹에서 벗어나야지만 가능한 일이지.”

“저녁에 일찍 자고 싶은데 잘 안 돼.”

“우리는 연약하고 부패한 본성을 갖고 있기에 계획을 세워도 작심 3일을 넘기기 힘들지.”

“어떻게 해야 잘못된 습관을 고칠 수 있으려나?”

심각한 얼굴로 준이가 고민한다.

“그래서 끊임없이 말씀 읽고 묵상하며 하나님의 뜻을 구해야 되는거야. 온전치 못한 우리의 모습을 진실로 회개하는게 정말 중요해.”

“엄마가 기도해 줘.”

“매일 하고있지.”

“준이도 오늘부터 100일 만이라도 열심히 해보자.”

“왜 그래야 되는데?”

“기도는 하나님과 교통할 수 있는 은혜의 도구니까!”

“100일 동안 하면 변할 수 있어. 엄마!”

“어떤 습관을 바꾸고 변화하는 데 적응하려면 최소 100일은 걸린다고 하잖아.”

“휴! 언젠가는 새벽기도 갈 수 있겠지 엄마?”

“당근이지. 기도하면 변화할 수 있게 모든 것을 바꾸어 주시지. 우리 찬송 부르고 가정예배 마칠까?”

“어! 음! 487장 ‘참 아름다워라’ 부르고 싶네.”

“아멘. 시작… 참 아름다워라 주님의 세계는 저 솔로몬의 옷보다 더 고운 백합화 주 찬송하는 듯 저 맑은 새소리 내 아버지의 지으신 그 솜씨 깊도다.”

엄마와 준이의 아름다운 찬송 소리에 짹짹짹 새들도 화음을 넣어준다.

7. 민정이 만나는 날

쌀쌀하던 날씨가 오늘따라 포근하다.

'어떠한 모습일까?' 민정이 만날 생각에 엄마는 설렘을 안고 다선문인협회 회장님을 비롯한 임원들과 같이 남대문 시장으로 향했다.

민정이 행사 날 알리온 카페 무대를 꾸밀 재료를 구입하러나선 것이다. 갈현동 수임빌딩에 위치한 알리온 카페 무대에 어울릴만한 화사한 재료들을 꼼꼼히 고른 후 다선문인협회 임원들은 나눔 본부로 향하여 본격적으로 민정이 돕기 기금 마련을 위한 사랑 나눔 일일찻집 무대를 꾸미는 데 온 힘을 기울였다.

시장 봐온 재료들을 꺼내어 사이즈와 글자 간격을 맞춰본 후 자르는 사람, 붙이는 사람, 적당히 위치가 맞는지 봐주는 사람, 테이블을 잡아주는 사람, 각자 한 사람씩 분담을 나누어 자기 일에 최선을 다했다.

임원 중 제일 키가 크고 가볍다고 당첨되어 엄마가 테이블에 올라가게 되었다.

무대 꼭대기 조명 위 선을 연결해야 되는데 팔이 닿지 않아 까치발을 서고 낑낑대며 카페 창 쪽부터 시작해 선을 이어가느라 팔도 다리도 후들후들 떨렸고 이마에 땀이 송골송골 맺혀왔다.

혹여라도 엄마가 발을 헛딛을까 봐 열심히 테이블을 잡아주는 고운 님들을 보니 엄마는 뿌듯하고 힘이 났다.

무대 중앙 위쪽엔 예쁜 별 큰 거 빨강, 파랑 두 개를 달아놓고 빨주노초 무지개 색깔의 글씨들을 자르고, 붙이고 위치는 적당한지 의견들을 모아가며 민정이를 기쁘게 해주기 위해 모두 한마음 한뜻으로 무대 설치 삼매경에 빠졌다.

몇 시간의 땀방울들이 결실을 맺어 무대 창쪽까지 화사하게 꾸민 후 저녁때가 되어서야 모든 걸 마칠 수 있었다.

태어나 처음 해보는 무대 꾸미기 설치. 서툴고 어색했지만 민정이 행사에 조금이라도 보탬이 되기를 간절히 바라는 마음으로 다들 입가에 미소를 지으며 힘을 보탰다.

바쁜 시간 기꺼이 시간 내어 장 봐주고 무대 꾸미는 데 동행해준 다선문인협회 회장님과 임원들께 엄마는 감사했다.

집에 돌아온 엄마는 민정이 사진을 보고 있었다. 준이가 궁금해하며 묻는다.

"엄마! 이 꼬마는 누구야?"

"응. 내일 행사장에서 만날 선천적 장애(뇌 병변)로 태어나 부모와 사회로부터 버려진 가여운 생명, 민정이야. 아들! 내일 학교 개교기념일이라 쉰다고 했지?"

"응"

"그럼 낼 엄마랑 가자. 좋은 행사니까 가보면 후회하지 않을 거야."

"나를 꼭 데려가고 싶어?"

"당근이지. 느끼는 게 많을 거야."

"알았어. 엄마가 원하면 가줄게."

"잘 됐다. 우리 아들이랑 함께라서 힘이 난다."

드디어 오늘은 민정이 만나는 날. 많은 수술과 치료가 필요한 민정이의 어려움, 부모와 사회로부터 보호받지 못하고 치료의 기회를 갖지 못하여 민정이를 김수빈 씨가 거두어 그 힘든 가운데서도 자기보다 더 어려운 이웃을 돌아보는 활동을 멈추지 않으며 자신의 재능을 기부해온 수빈 씨의 아름다운 마음. 그 따뜻한 나눔을 전하기 위해 세상에서 가장 아름다운 초대, 사랑 나눔 행사를 하는 날이다.

화창한 날씨에 기분이 들떴다. 낮 시간부터 감사하게도 많은 분들이 민정이 돕기 행사에 동참해 주었다.

회장님을 비롯해 엄마와 임원들 모두 빨간 리본의 머리띠를 하고 발랄한 모습으로 손님들을 맞이했다. 민정이 가족에게 조금이라도 더 도움을 주려 최선을 다해 제각기 맡은

바 역할을 담당하느라 분주히 움직였다.

열심히 행사를 진행하는 부회장님, 알리온 카페 행사장 입구에서 출간 저서 판매대금을 나눔 해 주시는 작가님들, 국장님과 엄마는 행사장 찾는 내외빈 고운 님들을 안내하고 메뉴판에 차 주문을 도와주고 모찌떡과 과자, 귤을 정성으로 준비한 다과를 세팅하여 차와 함께 손님을 대접했다.

바쁜 엄마를 돕고 싶어 준이는 귤 까는 것을 도와줬다. 가끔 손님상의 쓰레기도 치웠다.

시 낭송가인 엄마는 틈틈이 시도 낭송하고 손님 안내도 했으므로 마음이 바빠 보였지만 좋은 일을 하는 데 동참할 수 있다는 게 뿌듯하고 기쁘신 것 같았다.

처음 해보는 행사라 서툴고 어수선했지만, 모두가 마음만은 한 곳을 향했다.

오후 3시가 넘어 가슴으로 낳은 아이 민정이와 부모님이 행사장에 도착했다. 사춘기 나이에 들어섰다는 민정이. 행사장에 들어서는 순간 나이에 비해 작고 가녀린 민정이 모습에 엄마와 준이는 뭉클하고 가슴이 아려왔다.

행사에 참여한 모든 분들도 민정이와 부모님을 따뜻하게 대해주고 응원을 해주셨다.

작은 민정이의 손을 잡고 힘껏 응원해주는 아름다운 모습이 알리온 카페를 훈훈하게 달구었다.

민정이에게 어떤 것을 보여줘야 도움이 될까 생각하다 동화구연가이기도 한 엄마는 '할머니의 손바닥 주소'라는 동화 구연을 들려주었다.

[할머니의 손바닥 주소]

시골에 살고 계시던 할머니가 치매에 걸려 석이네 집에서 살게 되었어요. 할머니가 오신 후로 엄마 와 아빠는 자주 말다툼을 했지요.

그래서 할머니를 노인 돌봐드리는 천사원에 맡겼어요.

"할머니, 잘 지내셨어요?"

"오냐! 우리 석이도 많이 컸구나."

석이가 찾아가는 날이면 할머니는 정신도 말짱하셨지요. 저녁때가 되어 석이가 인사를 하고 돌아서는데 갑자기 할머니가 팔을 잡았어요.

"아, 이번에 가면 안올거지?"

"아니에요 할머니. 다음 주말엔 엄마랑 아빠도 꼭 올거예요. 걱정마세요."

"아가! 잠.. 깐만."

"왜요? 할머니?"

"응! 여기다 너 사는데 좀 적어줘."

"예?"

"아! 여기다 너 사는데 좀 적어달라니까."

"할머니! 걱정마세요. 꼭 보러올게요."

"그래도 적어줘."

할머니는 쪼글쪼글 주름이 잡힌 손바닥을 석이 앞으로 내미셨어요. 주소를 적어드리고 돌아서는데 할머니 눈에 눈물이 고여 있었어요.

어느날 천사원에서 할머니가 위독하시다는 전화가 걸려왔어요. 허겁지겁 달려갔더니 할머니는 침대에 누워 계셨어요.

"어! 우리 할머니 왜이렇게 되셨어요? 네?"

석이가 따지듯 묻자 할머니를 돌봐드리던 아주머니가 지친 목소리로 말씀하셨어요.

"아휴! 웬 할머니가 그렇게 고집이 센지? 할머니 손바닥에 주소 적어드린게 바로 너니?"

"예. 그런데요?"

"아! 글쎄 그 주소가 지워질까 봐 이틀 동안 세수도 안 하고 물도 안묻히지 뭐냐? 또 거기다 누운채로 변을 봐서 냄새는 나지. 그래서 억지로 옷을 벗기고 목욕을 시켜드렸더니 손바닥 주소가 지워질까 봐 화를 내면서 통 아무것도 안 드시지 뭐냐. 봐라! 지금도 왼손은 꼭 쥐고 계시잖니?"

"우리 할머니. 왜 이렇게 되셨어요? 네? 엄마 아빠 ,우리 할머니를 집으로 모시고 가요. 네?"

아빠는 지친 어깨를 축 늘어뜨리며 힘없이 말씀하셨어요.

"아! 석아. 미안하구나. 우리가 좀더 잘해드렸다면 이렇게까지는 되지않았을텐데. 석아! 할머니를 다시 모시고 가서 살자꾸나."

"네? 정말이세요? 할머니! 할머니. 어서 일어나세요. 이제 우리집에 가서 함께 살수있데요. 할머니!"

할머니를 모시고 돌아오는 밤하늘에는 달님이 환하게 웃고 있었지요.

엄마가 동화구연을 마치자 큰 박수를 받았다.

색동 어머니회에서 주최하는 동화구연 대회에서 금상을 받은건 알고 있었지만 준이는 엄마가 동화구연을 그렇게 잘 하는지 다시 한 번 알게 되었다.

치매는 아니지만 중풍에 걸려 한쪽 다리를 절뚝거리고 왼팔을 쓰지 못하시던 할머니와 살아본 준이는 할머니를 한 번 목욕시키려면 엄마와 준이가 많은 인내를 필요로 했던 게 떠올라 눈시울이 뜨거워졌다.

처음에는 쑥쓰러워하던 민정이가 해맑은 눈을 빛내며 귀 기울여 동화를 들어주어서 엄마와 준이는 감사했다. 한성대학교 교수님과 제자들은 민정이를 위해 동시를 들려주셔서 민정이를 미소 짓게 만들었다. 시간이 지나자 민정이는 곧 잘 웃기도 하고 사진 촬영에 기쁘게 임해주기도 했다.

진행을 맡은 부회장님께서 박정숙 시인님의 자작시, 아름다운 동행 '민정이 만나는 날' 자작시를 낭송했다.

오늘은
우리 민정이를 만날 수 있으면 좋겠다

네게 다 줄 수만 있다면 얼마나 좋을까
눈이 부시도록 찬란한 햇빛을
가슴에 품어 따스한 사람이 되었으면 좋겠구나

밤하늘에 떠있는 초승달에서 그믐달까지
미운 것 없이 예쁜 모습으로
늘 우리들 곁에서 함께 했으면 좋겠구나

총총히 떠있는 무수한 별들이
밤하늘에서 반짝이는 크고 작은 별들은
우리들의 마음으로 내려 안 듯이
수많은 별 중에 하나는 너의 눈빛에서
너와 함께 동행 하는 사람들과
아름다움으로 빛을 내었으면 좋겠구나

해와 달을 네 가슴에 넣어주고

밝은 곳에서 어두운 사람에게 빛을 주고
어두운 곳에서 아파하는 사람에게 희망을
줄 수 있도록 네 온몸으로 넣어주고 싶구나

잔잔한 바람이 코 끝에 와 닿는 시원함처럼
너의 마음과 얼굴에도 늘 상큼한 미소가 번지고
따스한 가슴에 꽃향기를 품어
세상을 아름답게 만드는 네가 되었으면 좋겠구나

희망 행복 사랑으로 가득 채워
어디에서도 빛이 될 해와 달이 되어 비춰주고
곱게 예쁘게 빛을 내는 별을 너의 가슴에 담아
온누리를 유영하는 네가 되었으면 좋겠구나

부회장님의 '민정이 만나는 날' 시를 낭송할 때는 행사장에 참석한 모든 고운 님들의 눈시울을 적시었다.

가슴으로 낳은 아이 민정이를 거둔 민정이 부모님을 실제로 보니 매우 겸손하시고 인품이 훌륭하셨다.

행사장에 오셔서도 손수 민정이 어머니께서 민정이 행사를 위해 수고하신다며 한국다선문인협회 임원들과 민정이의 식사를 손수 준비해 주셨다.

내 자식 키우기도 힘든데 어떻게 가슴으로 낳은 민정이와 살수 있냐고 엄마가 질문하니 어느 누구라도 그렇게 했을 거라며 당연한 일을 하는 것뿐이라고 겸손히 말했다.

최근에 민정이가 친부모님을 알게 돼서 힘들어한다고 안타까워하셨다.

아침에 시작하여 저녁 늦게 되어서야 행사가 끝났지만, 많은 분들의 도움과 응원에 힘입어 '민정이 만나는 날' 행사를 따뜻하게 마무리할 수 있었다.

많은 액수의 금액은 아니지만 사랑 나눔 행사를 통해 민정이네 가족에게 후원금을 전달할 수 있어서 보람 있고 행복한 날이었다.

또 다른 세계를 접하게 해준 민정이 부모에게 고마움을 전하며 한마음 한뜻으로 참여해주신 모든 분들과 다선문인협회 문우님들에게 엄마와 준이는 감사함을 전했다.

"아들! 오늘 수고했어."

"고마워, 엄마. 좋은 데 데려와줘서. 그리고 우리 엄마 정말 멋지더라."

"고마워! 아들. 함께 해줘서. 귤도 까주고 청소도 도와주고. 우리 아들이 있어서 든든했어.

"뭘. 그 정도 가지고."

"다음에 또 좋은 나눔 행사 있으면 알려줄게."

"어! 따라갈게. 민정이 보면서 많이 반성했어. 내가 지금 누리고 있는 것들이 당연하다고 생각했었는데 모든 것이 다

감사하다는 생각에 하나님께 받은 사랑 나도 이제 나눠주고 싶은 마음이 생기네."

"우리 준이에게 좋은 경험이 되었다니 엄마도 기뻐."

"그동안은 받기만 하는 삶을 살아왔는데 누군가를 도와줄 수 있다는 것이 이렇게 기쁜지 몰랐어 엄마."

"그래서 사랑은 받는 것보다 주는 것이 행복하다고 하잖아."

"응. 엄마. 마태복음 22장 37절~40절 '예수께서 이르시되 네 마음을 다하고 목숨을 다하고 뜻을 다하여 주 너의 하나님을 사랑하라 하셨으니 이것이 크고 첫째 되는 계명이요 둘째도 그와 같으니 네 이웃을 네 자신 같이 사랑하라 하셨으니 이 두 계명이 온 율법과 선지자의 강령이니라' 말씀하셨지."

"아멘. 그래 맞어 준아. 모든 계명이 다 중요하지만 그 중에서도 이 두 계명이 크다고 하셨지. 아들!"

"응?"

"엄마의 소망이 무얼까 맞춰봐!"

"글쎄… 잘 모르겠는데?"

"딱 한 가지. 준이가 선하신 그리스도의 형상을 닮아가며 세상에 선한 영향력을 끼치는 것이지."

"대박! 나한테 너무 어려운 걸 바라는 거 아냐?"

"히히. 그런가!? 엄마 힘으로는 안돼지만 하나님이 도와주시면 얼마든지 가능하지."

두 모자는 정답게 이야기하며 맑게 웃었다.

따뜻함을 품은 작은 불씨들이 모여 이루어낸 사랑 나눔 행사를 통해 희망을 품고 달려가는 씨앗들의 행진을 보았고 세상은 눈으로 보는 것만이 전부가 아닌, 귀로 들리는 것만이 전부가 아닌 마음으로 보는 것이라는 깨달음의 기쁜 선물을 받은 모두 행복한 날이었다.

8. 시낭송 앙상블 콘서트

매서운 추위가 제대로 느껴지는 1월 14일, 오늘은 엄마가 '윤보영 시인과 함께하는 시낭송 앙상블 콘서트'에 출연한다. 엄마를 응원하기 위해 준이는 큰맘먹고 노원 어울림 극장으로 향했다.

공연장에 도착한 준이, 기분좋게 설레는 마음으로 '히야' 동그란 눈이 커지며 놀라움을 금치 못한다.

전국 각지에서 모여든 윤보영 시인의 독자들과 시인, 교수, 음악가 등 시를 사랑하는 사람들의 발걸음으로 성황을 이루었다. 엄마가 속해있는 맑은 소리팀은 제일 먼저 도착해 연습에 연습을 계속했다. 독립군 역할을 맡았기에 얇은 군복을 입고있는 엄마가 추운지 힘들어한다. 준이는 입고있던 파카를 엄마에게 걸쳐주며

"엄마! 힘내! 파이팅."

응원하며 따뜻한 대추차를 가져다 주었다.

엄마는 밝게 웃으며

"고마워! 우리 아들. 최고."

대추차를 마시며 행복해 하는 엄마를 보니 준이는 뿌듯했다. 12시 쯤 되어 모든 출연자들의 리허설이 시작되었다. 이날의 모든 출연진은 정진채 가수를 포함해 52명이나 되었으므로 일단 마이크 테스트만 했다. 준이와 엄마는 아침도 거르고 공연장에 왔으므로 허기가 졌다. 분식집에서 김밥과 미소 된장국물로 대충 식사를 때우자 공연 시작까지 20분이 남았다. 독립군 역할을 맡은 엄마팀이 조그만 태극기가 달린 군복에 모자를 쓰고 얼굴에 시커먼 검정칠로 그럴듯하게 분장을 마치자 성악 Besame mucho. 우정의 노래로 오프닝 막이 열렸다.

콘서트의 주최는 '바람 편에 보낸 안부'가 주관은 '시가 머무는 예술 공연단'이 맡았다. 1막에서는 시낭송, 2막에서는 시낭송 외 가곡, 3막에서는 윤보영 시인과 대담 외 시낭송이 펼쳐졌다.

특별공연으로는 뮤지컬 배우 이지윤이 'Thank you for the music' 'Dancing queen'을 열창했고 전하은 어린이의 "할머니 마음"과 "민들레와 나비"도 구수한 사투리와 성대모사가 일품이었다.

공연을 위해서 대구에서 새벽 5시부터 출발하였다는 '일주일의 커피'팀도 있었다. 월요일 커피부터 일요일 커피까지의 신선함과 상큼한 커피의 느낌을 그대로 전달해주는 시어와 시향에 관중들은 평안한 휴식같은 커피를 즐길 수 있었다.

시와 시낭송에 별로 관심 없었던 준이도 관람객들과 시가 낭송되고 노래와 동요, 동시가 낭송될 때마다 큰 박수와 환호로 화답했다.

특별공연 두 번째 순서로 엄마가 속해있는 맑은소리 시낭송예술인협회 팀의 나라사랑 콘서트 윤보영 시인의 '애국선열 17위' 공연 순서가 돌아왔다. 준이의 가슴이 콩닥콩닥 방망이질 쳤다. '엄마가 공연하는데 내가 왜 이리 떨리는지.' 실수없이 연습하던대로 맑은소리 팀이 기량을 발휘해주길 마음속으로 응원하며 준이는 엉덩이를 의자에 똑바로 앉히고 무대에 집중한다.

큰 공연장에서 시극과 시낭송을 해보기는 처음이라 부담이 매우 큰 맑은 소리팀은 눈을 감고 기도한 후 무대로 향했다.

풀벌레, 부엉이 소리가 들리고 극이 시작되었다.

엄마: "김동지"

김동지: "왜그런가!"

엄마: "오늘저녁 잘 먹었지?"

김동지: "맛있게 먹었네. 오늘이 무슨날인가? 떡국도 나오고."

엄마: “오늘이 윤보영시인의 콘서트날 아닌가?”
김동지: “어쩐지 맛있는 음식이 나와서 배 터지게 먹었네.”
이동지: “그래서 그런지 김동지 장동지 배가 남산만 하구만.”
대장님: “아 ~배부르다.배 빵빵하게 먹었어.”
천동지, 장동지, 박동지: “에이!대장님은 세 그릇 드셨잖아요?”
대장님: “아닌데. 다섯 그릇 먹었는데? 하하”
김동지, 천동지, 박동지, 장동지, 이동지, 엄마:“하 하 하 하 하하 하.”

엄마: “오늘 별 참 밝다~”
박동지: “그러게. 내 고향 마들평야에도 별이 참 밝았는데...”
이동지: ‘나의 살던 고향은 꽃피는 산골 복숭아꽃 살구꽃 아기 진달래…’

독립군들은 고향에 두고온 부모님과 가족들을 그리며 훌쩍훌쩍 운다.
장동지: 신발로 땅을 치며 ‘엄마 ~보고싶다.’
독립군 모두 어깨를 들썩이며 ‘엄마 ~ 엄마 ~’ 흐느낀다.
대장: “이보게 동지들! 그만들 하시게나. 우리가 조국 광복

을 위해 이 머나먼 타국 땅에서 이 고생을 하는게 아닌가? 언젠가 우리도 고향산천에 돌아가 어머님 뵈올날이 있겠지."

엄마: "그래 맞네. 우리 모두 조국의 독립을 위해 힘을 냅시다."

장동지: "동지들! 이번 생 아니 다음 생이라도 꼭 독립을 이룩합시다. 대한독립만세!"

장동지를 따라 모두 힘차게 '대한독립만세'를 외친다.

천동지: "자랑스런 우리조국 대한독립만세."

'대한독립만세'

천동지를 따라 독립군 모두 대한독립만세를 외치며 시극이 끝나자 객석에서 박수가 터져나왔다.

대장의 힘찬 발걸음에 맞춰 시낭송 퍼포먼스 대형으로 줄을 맞추자 '빵 ~빵 ~ 빠빠방 빵 빠빠방 아 ~ 아 ~ 아 ~ 아 ~ 아 ~ 아 ~ 아 ~ 아. 배경음악이 나온다.

애국선열 17위

윤보영

김성률, 김순근

김운백, 김유신

중국 각지에서 조국 독립을 위해 싸우다 돌아가신 독립군 이름입니다.

문학준, 백정현
안일용, 이도순, 이향기, 이해순
한 분 한 분 이름을 부를 때마다 당당하게

대답했을 목소리가 들립니다.
전일목, 정상섭, 조대균, 한휘, 한이평
싸우고 싸우다 독립을 보지 못하고
쓰러져 죽어가며 외쳤을 대한독립만세
[대한독립만세]

늦었지만 이제라도 우리땅
대한민국 품으로 돌아와
함께 머물 수 있어 다행입니다.
당신의 뜻대로 열심히 살아왔고
앞으로도 부지런히 살아서
당신 희생이 헛되지 않도록 하겠습니다.
그 뜻을 기억하며 살겠습니다.
[기억하며 살겠습니다. 사랑하며 살겠습니다.]

태극기 들어올리며

일동 묵념! 바로.

애국선열이시여 편히 잠드소서.

차렷. 경례. 독립.

이렇게 맑은 소리팀의 나라사랑 시낭송 퍼포먼스가 끝나자 관중석으로부터 우레와 같은 박수를 받았다.

태극기를 들고 '나가 나가 싸우러나가 독립군의 탄일종이 울릴때까지 싸우러 나가세' 힘차게 노래 부르며 무대 뒤로 퇴장하는 맑은 소리팀을 보며 준이는 나라사랑의 마음이 물결쳤다.

275석 전석 매진을 기록, 행사장을 가득 메우며 뜨거운 관심을 입증한 이러한 장소에서 출연해 좋은 공연을 보여준 엄마가 준이는 자랑스러웠다.

"엄마! 시낭송이 이렇게 좋은지 몰랐어."

"그래서 해마다 시낭송 인구가 늘어나는 거야. 아들! 시낭송 배워보지 않을래?"

"시 외워야 되잖아?"

"금방 외워. 시를 몇 번 읽어보고 그 이미지를 연상하면 쉽게 외울 수 있어."

"생각 좀 해보고."

"올해 관악구 청소년회관에서 전국 중고교 시낭송대회가

열려. 준이도 참가하자."

"시낭송을 하면 어떤 점이 좋아?"

"거친 언어를 순화시켜 주고 글쓰기의 능력을 향상시키고 아름다운 정서를 심어주지."

"좋은 점이 많으네."

"치매예방에도 좋고."

"와~ 그래?"

"준아! 시낭송은 언제부터 시작됐을지 궁금하지 않니?"

"음… 얼마 안되지 않았나?"

"기원전 8세기경 호로메스 때에 연회에서 시낭송을 했대. 고대 그리스의 아테네에서는 매년 7월 아테네 여신을 제사 지내는 판아테나이아 라는 축제를 열었고 여기에서 시낭송을 했대. 우리나라에서도 예부터 선비의 기본 요건이 시 암송이었지만 과거 응시자에게 처음으로 시를 암송케 한 것은 고려 충숙왕 때였대. 자그마치 율시 1백수를 외워야 과거에 응시할 수 있었다네."

"와! 시낭송의 역사가 그렇게 오래 됐다니 놀랍네. 그럼 역사상 가장 많은 시를 암송한 사람도 알고 있어?"

"이슬람의 '알 흐와리즈미'일거래. 그는 뛰어난 기억력을 가지고 수만 수의 시를 암기하여 문학을 애호하는 고관들을 찾아다니며 낭송했대. 한번은 어느 재상집에 방문했을 때 문지기가 "시 2만수를 외워야 들여보내라는 분부이십니다."

라고 말하자 “남자의 시 2만수냐, 여자의 시 2만수냐?”고 물었대. 이 말을 전해들은 재상은 “그는 흐와리즈미가 틀림없다”면서 얼른 불러들였대.”

“흐~ 놀래라…”

“시낭송 배워두면 여러 가지로 유익하니까 도전해봐.”

“어.”

9. 동화의 거리에서 꿈을 논하다

동화의 거리, 꿈 별 길이 있는 마법의 성, 문화의 도시 잠실 석촌 호수를 엄마와 준이는 나란히 걸었다. 풀벌레들, 든든한 나무, 새들, 잔잔히 춤추는 호수도 두 사람을 반기며 평온한 마음을 선사해 준다.

"엄마! 오랜만에 햇볕을 받으니 살아 있는 것 같네. 밖으로 나왔을 뿐인데 건강해진 것 같아."

"그렇지? 아! 햇볕이 반짝반짝 쾌청하다. 와! 준아. 저것 좀 봐."

호수에 나루 호가 시원한 물살을 가르며 나아가고 있다. 화사한 옷을 입고 서있는 작고 하늘하늘한 꽃이 유람선이 타고 싶은지 부러운 눈으로 바라본다.

"어머! 예쁘기도 해라. 어여쁜 꽃님도 나루호 타고 싶은가 보다. 우리 같이 타러 갈까?"

"다음에. 지금은 걷고 싶어."

준이가 담담히 말한다. 부우웅 신나게 물살을 가로지르는 유람선 탄 연인들, 입꼬리가 위로 향한다.

평소 걷는 것을 좋아하지 않던 준이도 화창한 햇볕과 시원한 바람이 불어오는 호수를 산책하니 가슴속 안개가 걷히고 빛으로 채워져 머리와 심장이 시원해졌다.

찌이잉 풀벌레들의 연주와 삐익 삐이잇 새들도 준이에게 쉬어 가라고 노래 부른다. 엄마는 사랑이 샘물처럼 솟아오르는 눈길로 어느새 훌쩍 커버린 아들과 나란히 손을 잡고 걷는다.

"아들! 엄마 지금 날아갈 것 같다. 이렇게 아름다운 자연이 숨 쉬는 경관을 사랑하는 아들과 자주 걷고 싶었어. 엄마는 매일 여기 호수를 두 바퀴씩 도는데."

"크~ 두 바퀴 씩이나?"

"시낭송 연습할 때는 세 바퀴는 기본이지. 머리에서 발끝까지 건강해지는 느낌이 들거든. 한 바퀴는 준이 기도하며 또 한 바퀴는 교회 식구들과 사랑하는 가족들, 지인들, 이 지구상의 모든 사람들을 위해 기도하며 돌면 금세 두 바퀴가 되지. 아들! 이제 가끔 호수를 바라보며 사랑에 빠져보자."

엄마의 말에 준이는 피식 웃으며 대답한다.

"으음.. 생각해볼게."

"노력 해보는 게 아니고?"

"아~ 몰라~."

여유롭게 아름다운 자연과 사람들을 구경하며 걷다 보니

어느새 시원한 물줄기가 뿜어져 나오고 있는 롯데월드 매직 아이 이랜드 옆 분수대 앞이다.

'아~ 하~' 놀이기구를 탄 소녀들의 즐거운 환호소리가 시원한 분수대의 장관으로 보는 것만도 스릴 있고 긴장감이 넘친다.

"준아! 엄마는 겁이 많아서 놀이기구 못 탄다."

준이는 살짝 미소 지으며

"알아."

"아들! 친구들 데려와서 놀이기구도 타고 산책도 해봐."

"오케이. 게임하는 것보다 여기 와서 맑은 공기 마시고 운동하면 건강해지겠네."

"엄마는 준이가 석촌호수 산책하는 그림. 생각만 해도 기쁘다."

"그게 그렇게 기뻐?"

"물론이지. 우리 아들이 건강해지는데 얼마나 좋아. 사춘기때는 건전한 운동이 몸과 마음을 건강하게 해주는 가장 바람직한 방법이야. 준이처럼 운동하기 싫어하는 학생들에게 좋은공기 마시며 걷는건 최고의 선물이지."

"내가 산책하러 자주 와야겠네. 엄마 기쁘게 해주려면."

"그러면 엄마는 고맙지."

건강을 생각해서라도 자주 오도록 노력해야겠다고 마음을 다지며 준이는 힘차게 걷고 있는데 조금 앞서 걸어가던 엄마가 걸음을 멈추고 눈이 뚫어져라 뭔가를 바라보고 있다.

"엄마! 뭐해?"

"응! 준아. 여기 매직아이 이랜드 분수대 바로 지나면서부터 제네바 유람선3호 있는데까지 왕벚나무 가지에 '책읽는 송파' 큰 팻말이 길게 줄지어 서 있어."

좋은 책들 중에서 '내가 만난 명문장'을 적어놓은 팻말이 끝도없이 이어져 있었다. 책만 보면 배부르다는 엄마는 신나서 어쩔줄을 모른다.

"엄마는 책이 그렇게 좋아?"

"두말하면 뭐해? 준아 여기 있는 팻말책 다 읽으려면 시간 좀 걸리겠는걸!"

"나도 오늘은 여기 호수 핑크 책을 좀 읽어볼까나? 책 제목이 눈에 들어오네. [아무도 모르는 기적]"

앞쪽으로 한 발짝 전진하자면, 뒤쪽으로 몇 발짝 흔들리다가 가까스로 자동차라는 이름을 되찾아 돌멩이가 쭈뼛쭈뼛 솟아 있는 비포장도로를 몸을 비틀어 덜컹거리며, 으르렁거리며, 엉금엉금 기어갔다.

멧돼지 네 다리를 새끼로 꽁꽁 묶어 짊어지고 오는 사람, 잎담배를 겨드랑이에 끼고 오는 사람, 미역과 말린 가오리 짐을 지고 나타난 건어물 장수, 대광주리를 머리에 이고 오는 아낙네, 땔나무 짐을 지고 나타난 늙은이, 돗자리를 어깨에 메고 팔러 오는 사내, 누룩 넣은 자루를 어깨에 메고 종종걸음인 장사꾼, 지게에 미투리나 짚신을 잔뜩 지고 오는 사람, 참기름병을 들고 종종걸음을 하는 아낙네, 방갓에 상복을 입은 채 땅만 보고 걷는 상주, 서로 마주 선 채 머리에 쓴 갓이 부서질세라 엉거주춤 허리 굽혀 정중히 인사를 나누는 노인네들, 산골짜기 마을에서 난생처음 세상 구경을 나온 시골 소년 준호, 장마당에서 길을 잃고 헤매다 화물트럭을 얻어 타고 집으로 가는 도중,호랑이가 나타나 길을 막는데…

과연 준호는 무사히 집으로 돌아갈 수 있을까?

민담적 이야기가 보여주는 공통의 열망은 올바른 세상에 살고 싶다는 열망이다. 권선징악과 사필귀정을 바라는 민중적 열망이 이 책에도 맥맥이 흐르고 있다.

호랑이와 같은 초월적 존재가 이 세상을 바로잡아 주기를 바라는 열망이 새로운 이야기로 탄생한 것이다.

- [아무도 모르는 기적] 일부분

"준아! '아무도 모르는 기적' 이 책 한번 사서 읽어봐야겠다."

"엄마가 먼저 읽고 빌려줘."

"알았어."

아름다운 정원의 모습은 이제 기억 속에 하나의 영상으로만 남게 되었다.

차가운 철문을 힘주어 당기며 나는 아름다운 정원에 작별을 고했다.

안녕, 아름다운 정원, 안녕, 황금빛 곤줄박이.

아름다운 정원에 이제 다시 돌아오지 못하겠지만,나는 섭섭해하지 않으려 한다.

선생님이 남겨주신 손수건에, 내 뇌수 가장 깊은 곳에 새겨진 그 향기를 더해서 아주 오랫동안이라도 선생님을 기다릴 언제나 신선한 힘을 얻을 것이다. 선생님과 나는 어느 모퉁이, 어느 골목길에서 마주치게 될까. 세상의 어느 알지 못할 모퉁이에서 선생님을 만날 때, 선생님이 눈빛만으로도 나를 알아보고 두 팔을 벌리실 그 순간을 생각하기만 해도 나는 가슴이 뛰었다.

나의 눈에 띄었던 금빛 가슴털의 새, 야윈 곤줄박이는 얼음 위에서 날아오르지 못하고 깡충깡충 뛰어 연못을 벗어났다. 살아 있었구나, 나의 곤줄박이야. 그 어느 못된 손목이 던진 돌팔매에 맞아 날개를 다치고 죽을 고비를 넘겼지만 이렇게 살아서 아름다운 정원에 남아 있었구나.

나는 살아서 또 는 죽어서 내 곁을 떠난 사랑하는 이들을 떠올리고 조용히 눈물을 흘렸다. 죽은 줄만 알았던 곤줄박이가 지치고 고단한 모습으로나마 살아 모습을 드러낸 것이, 나의 사랑하는 이들을 언젠가 다시 만나리라는 상서로운 조짐이라고 생각해도 되는 것일까?

- [나의 아름다운 정원] 일부분

"엄마! '나의 아름다운 정원' 이 책 사고싶다."

"듣던 중 반가운 말이네. 성장 중인 우리 준이가 읽으면 유익할거야. 준이의 '아름다운 정원'은 어떤 모습일까?"

"거칠고 모나고 뾰족한 정원이었지만 이제 향기나는 정원으로 가꿀거야."

"엄마 필요하면 언제든지 sos하기다."

"물론이지.

"어! 세종과 집현전 학사 최만리가 나눈 대화도 있네."

"중저음 준이의 멋진 음성으로 읽어주라."

"음. 음. 읽을게."

최만리: 밀본은 '노비 과거 급제' 사건을 통해 모두가 글자를 아는 세상이 야기시킬 혼란을 보여준 것입니다. 전하가 만드신 글자가 불러일으킬 수 있는 혼란 말이옵니다.

세 종: 진정 그것이 혼란이기만 한 것이냐.

최만리: 설마 신분질서가 어지러워질 것을 아시면서도….

세 종: (바로 말을 받아치며)그것이 진정 어지러워지기만 하는 것이냐 말이다.

최만리: 전하.

세 종: 백성들이 글자를 안다면 배우고자 할 것이고, 잘 살 방법을 찾게 될 것이고, 그렇게 삶의 즐거움을 찾기 위해 살아서 '꿈틀'댈 것이다.

최만리: 예. 바로 그것. 바로 그 '꿈틀'이 신분질서를 무너뜨릴 것이옵니다.

세 종: 어차피 언젠가는 무너진다. 영원한 것이 어디 있더냐? 전조 고려를 보아라. 고인 채로 정체되어 썩다가 사대부들에 의해 귀족들은 멸했다.

최만리: 지금의 조선은 고려와는 다르옵니다. 고려의 폐단을 반복하지 않기 위해 세습이 아니라 시험으로 관료를 뽑는 것이 아니옵니까.

세 종: 아니 그 시험은 무엇으로 보느냐. 너희만 아는 너희만 배울 수 있는 한자로 시험을 본다. 양인들도 시험을 통해 관리가 될 수 있다. 하지만 정작 한자를 아는 사람들만 관리가 될 수 있는 것 아니냔 말이다. 이대로라면 100년 뒤에는 서인들의 과거가 금지될 것이고, 200년이 지나면 양반들만 시험을 보게 될 것이고, 300년이 지나면 양반을 사고 파는 지경이 될 것이다.

최만리: 전하.

세 종: 조선은 그렇게 경직될 것이고 그 폐해 또한 날로 심해질 것이다. 역사를 보아라. 어느 나라의 역사든 다 그렇지 않느냐? 하여 과인은 그 폐해를 이겨낼 수 있는 수단으로서, 작은 희망으로서 글자를 만든 것이다.

최만리: 하오면 양반을 없애실 수 있사옵니까?

세 종: 하지 못한다.

최만리: 노비를 없애실 수 있사옵니까?

세 종: 못한다.

최만리: 헌데 그 글자라는 희망만 백성들에게 내리시오면 그 희망으로 고신당하는 백성들은 어찌하옵니까?

세 종: 그것 또한 역사에 있다. 그들은 스스로 그렇게 길을 모색한다. 그렇게 스스로의 길을 찾고 찾는 중에 서로 싸우고 타협하고 이뤄가야만 조선은 천세만세를 누릴 수 있다. 만약 그렇지 않으면 조선은 전조 고려처럼 썩어서 사라지게 될 것이다.

- 드라마 [뿌리 깊은 나무] 대사 중에서

"엄마! '그것 또한 역사에 있다. 그들은 스스로 그렇게 길을 모색한다'. 세종대왕 멋지다!"

"조선과 백성을 사랑하는 세종대왕의 마음을 정말 잘 표현했지. 준아! (대장금)도 봤니?"

"가끔만 봤는데."
"한상궁과 장금이의 대사야. 읽어보자."

한상궁: 마실 물을 떠오너라.

장금이가 물을 떠왔어도 쳐다보지 않았대.

한상궁: 다시 떠오너라.

장금이가 늦은 밤까지 물을 새로 떠왔어도 한상궁은 계속 다시 떠오라는 말만 했대.

장 금: 어찌하여 자꾸 물을 떠오라 하십니까? 따뜻한 물도 안 된다. 찬물도 안 된다. 나뭇잎을 띄워도 안 된다….

장금이는 답답해 죽겠는데 한상궁이 물었대.

한상궁: 어찌하여 흙비를 끓였더냐?
장 금: 어머니께서 그러셨기에.
한상궁: 어머니께서는 왜 그러셨느냐?
장 금: 제가 혹 아프지나 않을까 염려하시여… 아하.

드디어 알아차린 장금이는 한상궁이 다시 물을 떠오라고 하자 질문하기 시작했대.

장 금: 혹 아랫배가 아프시진 않으신지요?

한상궁: 아니다.

장 금: 오늘 변은 보셨는지요?

한상궁: 보았다.

장 금: 목은 아프시지 않으신지요?

한상궁: 원래 목은 아주 아프구나.

몇 가지를 물어본 장금이는 다시 물을 한상궁에게 떠온다.

장 금: 따뜻한 물에 소금을 조금 넣었습니다. 한전에 들이키지 마시고 차처럼 천천히 드세요.

- 드라마 [대장금] 대사 중에서

그제서야 한상궁은 장금이가 떠온 물을 마셨대.

"물을 가지고 두 사람이 교감되어가는 이야긴가?"
"응. 깊은 울림이 있지."
"오늘 많이 배우네."
"마지막으로 그 유명한 장금이와 민정호의 이야기 장면

읽어볼까? 준이가 민정호 대사하고 나는 장금이 대사하자."

"기쁘십니까?"
"슬픕니다."
"슬프십니까?"
"기쁩니다."
"두려우십니까?"
"설렙니다."
"두렵습니다."

- 드라마 [대장금] 대사 중에서

"안정감을 주는 대사인 것 같어."
"진정성을 주는 이런 대사 배워야겠네."
"엄마도 많이 배워야겠다.
"엄마! 처음으로 이렇게 밖에서 책 여행을 하니까 신선하고 좋으네."
"엄마도 이 아름다운 자연이 숨쉬는 호수에서 멋진 아들이랑 독서여행 하니까 짱 좋다. 시간이 언제 흘러갔는지 모르겠어."
"엄마! 우리 열공 했나봐. 낮에 왔는데 벌써 해가 뉘엿뉘엿 넘어가려 하니."
"준이도 엄마를 닮았으니 책 좋아하게 될거야."

아들은 손가락을 내저으며

"노노. 그건 아닌 것 같아. 만화책은 가끔 좋아도 책은 아니야."

엄마는 빙그레 웃으며

"초등학교 때까지는 준이가 특기적성 독서논술 열심히 잘 했는데, 글도 잘 쓰고…"

준이는 머리를 긁적이며

"지금은 아니야. 게임을 많이 하다 보니 생각이 없어졌어. 전두엽이 안 돌아가."

"게임 때문에 다들 난리더라. 지인분들 얘기 들어봐도 게임이 아이들 미래를 망친다고 걱정하시더라. 어른들도 그런 분 많다네. 가족끼리 모여도 전부 각자 핸드폰만 열심히 들여다보느라 대화가 없어진다고 하드라."

"하다 보면 절제가 잘 안돼. 그걸 알면서도 끊지 못하고 있으니 나 자신이 한심해."

"준이를 포함해 청소년들의 현실이 안타까워."

"어떤 점이?"

"학원과 과외 수업, 게임이나 sns 등에 시간을 빼앗겨 자기 자신을 돌아보거나 미래의 삶을 설계하는 시간이 없어."

"그렇기는 해. 난 학원도 안 다니는데 게을러서."

"진정한 자아를 찾는 시간이 없으니까 준이가 무기력에 빠지고 변화하지 못하는거야."

"그럼 미래를 위한 준비는 어떻게 해야 돼?"

"준이 자신에게서 시작해야 되지. 직접적인 만남도 있고 책을 통한 간접적인 만남도 필요해."

"준아! 엄마 집에 냄비 있는 거 봤니?"

"어. 깨끗한 게 별로 없던데."

"히이. 엄마가 냄비에 뭐를 올려놓고 책 보다가 다 태워 먹어서 그래. 냄비에 뭐 올릴 때는 제발 책 보지 말고 냄비에 집중하라고 새아빠한테 많이 혼나지."

"아! 그런 사연이 있어서 냄비가 쓸만한 게 없구나?"

"나도 엄마처럼 책을 좋아하면 완전 좋을텐데…"

"책 속에는 학교에서 배울 수 없는 지혜의 보고가 살아 숨쉬니까."

"쉽지 않겠지만 노력해볼게."

"어찌 보면 지금이 준이에게 제일 중요한 때일지 몰라. 이제 본격적으로 공부해야 되는 시기고."

공부라는 말에 준이 표정이 부담스러워 보인다.

"엄마는 말이야. 공부만 잘하는 준이 보다 책을 좋아하는 지혜로운 아들이 되었으면 좋겠어."

"나한텐 공부도 책도 둘 다 어려워!"

"우리 노력해보자. 아들! 지금이 준이한테 제일 중요한 때야."

"알고는 있는데…"

"앞으로 준이가 살아갈 세상은 4차 산업혁명 시대란걸 알고있지?"

"어."

"미래학자 토마스 프레이라고 들어봤지?"

"응. '10년 후 일자리의 60%는 아직 탄생하지도 않았다. 현재 존재하지 않는 일자리를 준비하라'고 했지."

"아들! 어떻게 알았어?"

"엄마가 보던 신문 우연히 봤어."

"잘했어. 신문만 제대로 읽어도 웬만한 책 한 권 읽은 거랑 똑같아."

"아고. 평생 직업이 사라진 시대에 나는 뭐를 해먹고 살아야 돼?"

심각한 얼굴로 준이가 말한다.

"그냥 멋부리고 놀기만 하는 줄 알았는데 아니었구나."

철부지 사춘기 아들이라고만 생각했던 엄마는 준이가 다르게 보였다.

"자신을 잘 살펴보고 좋아하는 것, 잘 하는 것을 알아내고 그에 알맞은 꿈을 찾아야 해."

"아휴! 뭐부터 해야 되나?"

"다양한 경험을 쌓는 게 중요하지."

"경험이라고?"

"준이가 만날 세상은 비판적 사고, 창의성, 의사소통 능력,

협업 능력을 기르는 활동들이 필요해."

"지식보다는 '생각하는 힘'을 갖추라는 건가? 엄마?"

"그렇지. 그래야 4차 산업혁명 시대에 살아 남을 수 있어. 무엇보다 본인이 좋아하는 일을 하는 것이 중요해."

"그럼 엄마는 행복한 사람이겠네?"

아들이 부러운 눈길로 엄마를 바라본다.

"오랜 세월 고민하다 마흔이 넘어서야 알게 됐지. 가슴에서 진정으로 원하는 일이 무엇인지를. 꼭 준이 나이때 쯤이었어. 교내 글짓기 대회에서 상을 타 전교생 앞에서 발표했던 일이 어느날 퍼뜩 스쳐갔어. 그때부터 도서관을 설렘으로 드나들며 푸른 희망을 이고 치열하게 노력해 인생 반생을 산 오십에 꿈을 펼치게 됐어."

"와! 우리 엄마 닮고 싶다."

아들은 씩 웃으며 엄지손가락을 척 들어 올리며 엄마에게 응원을 보낸다.

"나는 무얼 잘하는지도 모르겠고."

준이가 힘없이 말한다.

"이제부터 진지하게 찾아보자. 준이가 인정하지 않아서 그렇지 잘하는 거 많아. 하나님은 누구에게나 달란트 하나씩은 주셨어. 그걸 못 찾아서 그렇지. 아들! 잊었니?"

"뭐를?"

"리틀 모델 김준!"

"아~ 쑥스럽게."

"준이가 리틀 모델로 뽑히던 날 얼마나 행복하고 자랑스럽던지 평생 잊을 수가 없단다. 준이가 각이 살아있고 카메라 잘 받는다고 모델 지망생 아이를 둔 엄마들이 '준이 엄마 좋겠어요'라며 엄마를 많이 부러워했단다."

"맞다! 그런 일이 있었었지?"

준이는 몇 년 전 있었던 리틀 모델 선발전에 참가해 은상과 방송상을 탔던 때를 떠올리니 마음이 부요해진다.

"엄마는 그때 준이가 받은 상장, 액자에 담긴 잘생긴 사진, 잡지, 매일 보며 힘을 얻어."

"여드름 때문에 지금은 멋지지 않아."

거울을 보며 이마에 난 여드름이 싫은지 준이는 앞머리를 늘어뜨린다.

"그 정도 쯤 귀엽게 봐줄 수 있어. 내년이면 여드름 모두 여행갈걸."

"큭! 어디로?"

"하하. 준이가 물어봐. 여드름한테."

"아~ 방금 생각났어!"

"어떤 거?"

"내가 리틀 모델 뽑힐 때 장기자랑 했던 거. 비트박스 랩."

"아~ 맞다. 준이가 즉석에서 만들어낸 비트박스 랩이었지?"

"갑자기 랩이 하고 싶어지네."

"잘 됐다. 준아! 하고 싶은 게 생겼으니 열심히 해봐. 그쪽 분야에 재능이 있을지 모르잖아? 아들! 엄마가 난센스 퀴즈 하나 내 볼게. 맞춰봐. 정답 맞히면 엄마가 준이 소원 들어주기, 틀리면 준이가 엄마 소원 들어주기 어때?"

"오케이. 좋아."

준이는 승리의 V자를 그리며 자신 있게 대답한다.

"좋았어. 그럼 시작한다. 오늘의 퀴즈 1번. '북한의 김정은이 한국을 쳐들어오지 못하는 이유는?"

준이는 알쏭달쏭 알 것도 같은데 잘 생각이 나지 않는다.

"자! 지금부터 열 셀 동안 못 맞히면 엄마가 이기는 거다."

"뭐지? 아~ 뭐더라?"

준이는 열심히 생각을 해보지만 도무지 모르겠다는 표정이다.

"하나 둘 셋 넷 다섯 여섯 일곱 여덟 아홉 아홉 반 열. 마지막 한 번 더 5초의 시간을 준다."

"아이 몰라. 생각 안 나."

엄마는 승리의 찬 표정으로 준이를 본다.

"내가 졌네. 엄마가 이겼어. 그런데 답이 뭐예요?"

"히히. 궁금하지? 정답은 바로바로"

엄마는 준이를 궁금하게 만들어주려고 뜸을 들인다.

"정답은 호호호. '김정은이 한국을 쳐들어오지 못하는 이

유는? 중2가 무서워 서랍니다."

크크크 재밌다는 엄마를 보고 준이가 말한다.

"아이 참. 그게 답이야? 어이없다 정말."

"호호. 그래서 난센스 퀴즈라 했지롱. 그럼 한번 더 맞출 수 있는 기회를 줄게. 얼마 전 세계를 놀라게 했던 일이 있었지. 4월 27일 무슨 일이 있었더라?"

준이는 씩 웃으며 알고 있다는 듯 손을 들며 말한다.

"정답. 역사상 최초로 남북 정상이 손을 맞잡고 군사분계선을 넘었지."

"그렇지. 국민의 한 사람으로서 가슴이 뭉클했어."

"나도 기분이 이상했어."

"4월 27일 판문점 우리 측 평화의 집에서 열린 남북 정상회담은 몰타 회담 이후 가장 전 세계의 이목을 끈 회담이었다지. 올해 안에 종전선을 하기로 했다는 발표에 제일 기뻐했던 사람이 누구게?"

"글쎄?"

엄마는 눈을 빛내며 힌트를 준다.

"사춘기에 들어선 나이라던데. 흐흐"

"아! 알겠다. 정답은 나와 같은 또래 10대"

"딩동 댕동."

"준이가 어렸을 때 군대 가기 싫다고 했던 거 기억하지?"

준이는 조용히 웃으며

"그랬지."

"엄마 지인분들 말에 의하면 남자는 군대 갔다 와야 철든다고 하던데."

"그런가?"

"응. 말 안 들으면 필히 군대 보내래."

"헐."

"일부 청소년들이 인터넷에 '이제 군대 안 가도 되나요?' 라는 글을 올리고 있대."

준이도 이에 질세라 한 마디 한다.

"청와대 홈페이지에 '통일열차 타고 수학여행 가자'는 국민청원이 등장했대."

엄마는 장난스러운 눈빛으로 준이를 바라보며 묻는다.

"자! 마지막 문제 들어갑니다. 왕자님! 27일 오후 4시 42분~5시 12분 문재인 대통령과 김정은 북한 국무 위원장 두 남자의 데이트가 있었던 장소는 어디일까요? 바람 소리와 청아한 새소리가 들려왔던 곳이지."

"정답. 판문점 도보 다리."

"딩동 댕동. 정답입니다. 우리 아들 잘 맞추네."

"나도 TV로 봤어. 도보 다리를 단둘이 걷다 다리 끝 벤치에 마주 보고 앉아 30분간 쉬지 않고 얘기를 나누는 장면. 인상적이었어. 통역, 경호원 없이 정상 단둘만의 대화. 어떤 이야기를 나눴을까 궁금해지데."

"그랬지. 봄 햇살이 부서지는 파란색 다리와 지저귀는 새소리만 들리고 전 세계가 생중계로 지켜봤지만 목소리는 전혀 들리지 않았지."

"엄마! 그날 도보 다리를 보면서 갑자기 민들레가 생각났어."

"왜일까?"

궁금한 듯 엄마는 묻는다.

"어. 민들레는 바닥에 붙어서 옆으로 성장하잖아. 솜털 같은 씨앗이 가벼워서 멀리 날아갈 수 있어. 생존력이 어마어마하잖아. 어디까지 갈까? 훈풍을 타고 북에도 갈 수 있지 않을까 생각났어."

"오호! 우리 준이가 그런 생각을 다하고. 어린애인 줄 알았는데 많이 컸네. 북한에도 변화의 바람이 불고 있다는 게 느껴지지?"

"응."

"평양 표준시를 서울과 맞추겠다고 발표했지. 마지막으로 문제 하나 더 풀어보자."

"좋아"

"김정은 북한 국무 위원장이 남북 정상회담에서 '( ) 통일'의 의사를 밝혔지?"

준이는 고개를 갸우뚱갸우뚱 잘 모르겠다는 표정이다. 엄마는 인심이라도 쓰듯

"힌트 줄게 왕자님. 우리 손목에 차는 거랑 연관 있지요"

"손목? 아~ 하. 정답. (시간) 통일"

"오케이. 하하하. 어렵지?"

"약간. 엄마!"

"응. 아들."

"언젠가 어느 책에서 본 폴란드 시인 비스와바 심보르스카의 '두 번은 없다' 시를 읊고 싶네."

"어머! 아들! 좋지."

두 번은 없다

비스와바 심보르스카

두 번은 없다.
지금도 그렇고 앞으로도 그럴 것이다.
그러므로 우리는
아무런 연습 없이 태어나서
아무런 훈련 없이 죽는다

우리가 '세상'이란 이름의 학교에서
가장 바보같은 학생일지라도
여름에도 겨울에도 낙제란 없는 법

반복되는 하루는 단 한 번도 없다.
두 번의 똑같은 밤은 없고
두 번의 동일한 눈빛도 없다.

"어머. 준아! 그 시 깊은 울림이 있다. 인간의 본질을 꿰뚫는 비범한 시이구나."

"엄마! 폴란드 시인 '비스와바 심보르스카'는 73세인 1996년에 노벨문학상을 탔어."

"오! 그렇구나. 엄마가 준이한테 많이 배우네."

"엄마가 신문보니까 나도 가끔 보거든. 신문에서 봤어."

"73세 되려면 엄마는 23년 남았고 준이는 58년이나 남았으니 준아! 우리 노벨문학상 도전해볼까?"

"나는 지금은 문학에 관심 별로야. 엄마는 도전해봐! 열심히 응원할게."

"아고! 이제부터 피터지게 책과 씨름하게 생겼네! 고마워. 준이의 중저음 멋진 목소리로 좋은 시 들려줘서 잘 들었어."

"아냐. 엄마 덕분에 시에 조금씩 다가가게 돼서 고마워."

"준아! 만약 남북의 문화교류가 활발해져서 북한에 자유롭게 갈 수 있다면 가보고 싶은 곳 있니?"

"응. 우리나라 대표로 가수들이 북에 가서 공연하는 것 보니까 나도 유명한 래퍼가 돼서 평양에서 멋있게 랩도 하고 맛있다는 평양냉면을 먹어보고 싶어."

“그래? 엄마도 어떤 지인분이 ‘우리도 금강산에 가서 시낭송합시다’ 하고 제안하셔서 미소를 지었던 게 생각나네. 우리 아들! 꿈이 생겼으니 노력해보자.”

“어. 열정을 갖고 즐겁게 노력하다보면 기회가 오겠지? 엄마!”

“당근이지. 그럼 내일부터 랩 레슨 학원을 알아보러 다닐까?”

“좋지.”

“엄마도 같이 가도 되지? 랩에 대해서 알고 싶어져서.”

“응. 같이 가.”

“아싸!”

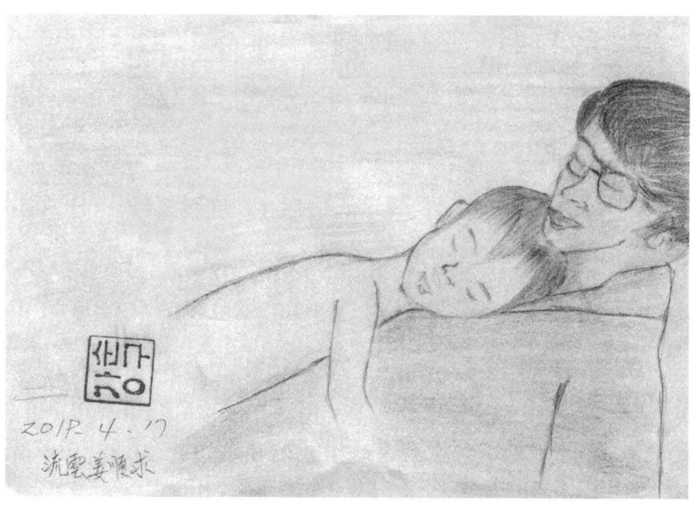

10. 고등래퍼가 되고 싶은 소년

오락가락 변덕이 심하던 날씨가 두 사람의 마을을 알기라도 하듯 화창하게 맑은 토요일이 돌아왔다.

10대들의 뜨거운 힙합 전쟁 고등래퍼에 출연하는 꿈이 생긴 아들을 응원하기 위해 엄마는 준이와 함께 집 근처 서울 송파구 백제고분로에 위치한 AMGK 랩 레슨 실용 음악학원을 찾았다.

스튜디오는 조용하고 깔끔해서 차분하게 수업에 집중할 수 있을 것 같았다. 흰색 티와 청바지 차림의 앳된 모습을 한 AMGK 김 아무개 강사는 말했다.

"음악에 소질은 정말 중요합니다. 요즘같이 가창력보다 개성파가 뜨는 시대에는 특히나 더 그렇습니다. 가창력은 누구나 연습을 하면 키울 수 있지만, 자이언티, 딘, 볼 빨간 사춘기 그런 감성이나 스타일은 배운다고 생겨나는 게 아니기 때문이지요."

"네."

엄마는 공감이 된다는 뜻으로 대답했다. 김 아무개 강사가 엄마를 바라보며 묻는다.

"어머니, 궁금한 거 있으시면 말씀해 주세요."

"선생님, 제가 우리 아들 랩 실력에 대해 잘 몰라서요. 테스트도 할 겸 들어보고 싶어요. 그쪽에 재능이 있는지 알고 싶고 어차피 왔으니 선생님 시간 괜찮으시면 오늘부터 수업 받고 싶어요."

"그러세요? 준이 학생. 오늘 수업 가능해요?"

"네. 괜찮아요."

준이가 차분히 대답한다.

"수업은 주 1회이고 주로 토요일에 합니다. 토요일 괜찮으세요?"

엄마와 준이에게 말씀하신다.

"아들. 어때? 토요일이 좋을 것 같은데?"

"어. 괜찮아."

"시간은 조율 가능하고요, 오늘 이 시간 어떠세요?"

"3시요?"

"그렇습니다."

"3시. 좋아요."

"그럼 준이 학생 랩을 들어보겠습니다. 랩 배운 적 있나요?"

"아뇨. 코인노래방 가서 혼자 불러요."

"아는 랩 있나요? 준이 학생?"

"네. '요즘 것들' 부를게요."

"반주 넣어 줄 테니 불러보세요."

반주에 맞춰 준이가 마이크를 들고 랩을 한다. 엄마는 열심히 귀 기울여 아들의 랩을 듣는다.

초등학교 때 한 번 들어보고 처음이라 신기하고 궁금했다. 잠시 후 선생님은 기계에 녹음 한 준이의 랩을 틀어주며 말씀하신다.

"자! 들어보세요. 준이가 부른 양홍원 랩 '요즘 것들'입니다. 본인의 노래 녹음해서 들어본 적 있나요?"

"없어요."

"실제 내 목소리하고 기계로 들리는 목소리는 좀 다를 수 있어요. 준이 학생 몇 학년이에요?"

"중2요."

"제가 들어보니까 같은 또래 학생들에 비해 전체적으로 잘 하는 편이네요. 보이스도 깔끔하고요."

"그래요? 그럼 전혀 가능성이 없는 것은 아니지요. 선생님?"

"그럼요. 중2면 아직 어리니 얼마든지 가능성이 있지요."

모든 부모님의 마음처럼 아들이 하고자 하는 분야에 조금이라도 가능성이 있다면 적극 지원해주고 싶은 엄마이다.

"랩 레슨 수업은 커리큘럼에 짜인대로 4개월이 기본입니다. 그럼 이제 수업을 시작할 건데 어머니는 어떻게 하실 건가요? 불편하시면 밖에 계셔도 됩니다."

"아니에요. 오늘은 저도 랩에 대해 배우고 싶어요. 괜찮지요. 선생님?"

"네. 저는 괜찮습니다."

"엄마도 여기 있을라고? 불편한데?"

"오늘만 여기 있을게. 조용히 있을 테니 신경 쓰지 마."

"허! 못 말리는 우리 엄마."

아들은 엄마랑 공부하는 것이 싫은지 불편해 보인다. 엄마는 이에 아랑곳없이 자리를 떠나지 않는다.

이렇게 해서 준이와 엄마는 첫 번째 랩 레슨 수업을 받게 되었다. 김 아무개 강사님께서 앞으로 수업을 어떻게 진행할 건지 말씀하시자 아들은 잘 듣고 엄마는 노트를 꺼내놓고 열심히 필기하며 녹음한다. 준이에게 조금이라도 도움을 주고 싶어서.

"첫 번째 수업은 발음, 박자의 기본 수업입니다. 기본기가 돼있어야 다음 단계도 빨리 나갈 수 있겠지요. 초반 한두 달은 작사 능력도 포함돼있는 이론수업이고, 3개월부터는 어려울 수 있습니다. 준이 학생. 가사 써본 적 있나요?"

"조금 써보다 맘에 안 들어서 찢어버렸어요. 선생님! 작사를 잘 하려면 어떻게 해야 되나요?"

김 아무개 강사님은 부드러운 눈빛으로

"정답은 많이 써보는 수밖에 없어요."

준이는 속으로 생각에 잠긴다. '쉽지 않겠네.'

선생님의 강의가 이어진다.

"작사를 하는 데에 있어 랩을 하기 좋은 가사가 있고 랩을 하기 안 좋은 가사가 있지요, 항상 모든 감각의 문을 열어놓고 좋은 시상이 떠오를 때마다 메모를 해놓으면 좋을 것 같습니다. 저는 비가 오는 날이면 가사가 잘 써집니다."

열심히 필기하며 잘 듣고 있던 엄마가 웃는다.

'나도 그러는데 선생님도 그렇구나.'

준이도 생각해본다.

'나는 언제 글이 써지더라? 음악 듣고 있을 땐가? 글을 써본 지 너무 오래됐네. 앞으로 가사 쓰려다 머리 집 나가는 거 아니야?' 생각하며 피식 웃는다.

"준이군?"

선생님의 목소리에

"네"

"실력이 개선되는 과정에 대해 알아볼까요? 준이 학생!"

"네"

"준이 학생의 목소리로 프린트물 읽어볼까요?"

1. 문제점을 파악해야 한다.

2. 고칠 수 있는 방법을 알아야 한다.

3. 문제점을 알았으면 나에게 맞는 방법을 알아야 한다.

4. 전문가한테 배워야 한다.

5. 반복학습해야 한다.

6. 전문가의 말에 신뢰를 가져야 한다,

선생님이 힘주어 말씀하신다.

"비 전문가에게 물어서 잘못된 것 배우면 (쿠세) 고치기 어렵습니다. 준이 학생한테 당부드리고 싶은 건 유명해지고 싶어서 조급하게 생각하는 친구들이 많은데 현실은 바뀌지 않아요. 남들과 비교하지 말고 꾸준히 차근차근 연습하면 무조건 랩은 나아집니다. 잘 들었지요?"

"네."

'후우! 생각보다 어렵겠는걸' 준이는 속으로 속삭인다.

"과제 내주는 거 잘 해보고 저를 잘 따라오면 문제없습니다. 이제 랩에 대해 중요한 것을 짚어보겠습니다.

1. 한국말을 영어처럼 흘리는 친구들이 있는데 꼭 고쳐야 한다. 발음이 정확해야 한다.

2. 박자감, 반주를 듣고 랩을 한다.

3. 쿵작 소리(비트)를 듣고 랩을 해야 한다.

4. 목소리.

"준이 군은 낮은 톤의 목소리인데 일부러 힘을 줘서 억누를 필요 없어요. 목소리 톤은 연습의 의해서 바뀔 수 있으니 힘을 풀어서 랩을 해야 합니다."

5. 리듬감.

"랩을 잘 하려면 리듬감이 좋아야 되는데 태생적으로 한국인들이 리듬감에 약해요. 리듬감을 기르려면 흑인음악을 많이 듣는 게 좋습니다. 이 5가지를 잘 명심해서 연습하면 랩하는 데 많은 도움이 될 겁니다. 준이 학생! 힘들지요?"

"괜찮아요."

"오늘의 마지막 수업, 알아야 될 용어들에 대해 알아보는 시간입니다. 준이 군. 인트로에 대해 들어봤나요?"

"네. 도입부를 말하는 것 아닌가요?"

"맞습니다. 이 밖에도 벌스, 훅, 브릿지, 비피엠, 믹스테잎 등에 대해 알아두면 좋습니다."

"선생님! 수업은 무조건 주 1회만 하나요? 부족한 것 같아서요."

"매주 과제를 내주기 때문에 그렇습니다. 못 해오는 친구들도 있어요. 주 1회면 충분합니다. 준이 학생! 과제 빼먹지 말고 꼭 해오셔야 다음 수업 진도가 나갈 수 있습니다. 제가 프린트물 줄 테니까 일주일 동안 잘 보고 라임어택의 랩을 카피해오는 것입니다. 또 비슷한 발음이 반복되는 것 (라임)을 찾아서 동그라미 표시해오기. 호흡점 / 표시해오기. 반복해서 듣고 따라 하기. 내가 한 것 녹음해서 들어오기입니다. 어머니, 준이 학생, 더 궁금한 거 없으시죠?"

"네."

"그럼 오늘 수업은 여기까지입니다. 수고하셨습니다. 준이 학생! 토요일에 봐요."

"선생님 감사합니다."

"안녕히 계세요."

AMGK 스튜디오를 나오며 준이 덕분에 랩에 대해 수업을 받고 들떠있는 엄마는 아들은 오늘 수업이 어땠는지 궁금하다.

"아들! 좋아하는 랩 수업들으니까 어땠어?"

"몰라. 엄마 있어서 불편했어. 엄마랑 공부하기 싫어."

"알았어. 처음이라 가보고 싶었어. 준이 실력도 궁금했고, 담부턴 안 갈 거야. 나도 바빠."

"생각보다 어려울 것 같아. 그래도 열심히 해서 고등래퍼 오디션 도전할 거야."

"당근이지. 우리 아들 마음먹으면 잘 한다는 거 알지. 아무튼 엄마는 오늘 랩에 대해 알게 돼서 신나."

"나보다 엄마가 랩을 더 좋아하게 되겠네."

"하하. 아마도 그렇게 될 것 같아. 준이에게 도움 주고 싶어 관심 가지다 보니 랩이 좋아지네."

"엄마! 선생님 좀 깐깐하실 것 같아."

"맞아. 그럴 것 같드라. 깔끔한 외모처럼 꼭 할말만 하시는… 오히려 준이한테는 잘 된거야."

"휴우! 대충대충은 안 통할 것 같어."

"아들! 축하해. 꿈을 향해 첫발 내딛은 거."

"고마워. 응원해줘서. 열심히 할게."

"엄마 없다고 수업시간 땡땡이 치기 없기다."

"아~ 안쳐. 걱정마."

다정하게 랩 학원을 다녀오는 준이와 엄마가 보기 좋은지 새아빠가 흐뭇하게 바라본다.

"아들! 할만해? 여보! 준이 랩 잘해?"

"또래 친구들보다 잘하는 편이래요. 나도 많이 배우고 왔어요."

"열심히 해보려고요. 좋았어요."

"그래. 시작했으니 포기하지 말고 즐겁게 해. 꾸준히 노력하다보면 기회가 올거야. 아들! 오늘 아빠가 일하는 곳, 호우시절에 누가 왔었게?"

"음… 연예인이요?"

"응. 연예인들 많이 오지. 오늘은 준이가 좋아하는 래퍼 '도끼'가 매니저랑 식사하러 왔더라."

"와~ 대박."

"준이 얘기했더니 본인한테 배우는 것보다 먼저 고등래퍼 오디션을 보라고 했어."

"그래요?"

"다음에 오면 사인 받아다 줄까?"

"완전 좋아요."

"'호우시절'에는 운동선수, 가수, 개그맨, 래퍼, 탤런트. 많이 와. 바로 옆에 '허승욱 스키샵'이 있어서 거기 가서 스키복 사고 식사하러 오는거지."

AMGK 김 아무개 강사를 만나고 온 뒤 준이와 엄마의 삶에는 변화의 물결이 일어났다. 친구들과 노는 데 24시간도 부족해 늦게 집에 들어와 애를 태웠던 아들이 아침 일찍 일어나 흑인음악을 들으며 학교에 등교하고 방과 후에도 집에 일찍 귀가해 랩 레슨 학원 숙제를 한다. 엄마는 그런 아들이 신기하고 기특해서 업어주고 싶었다.

"우리 아들! 힘들지? 업어줄까?"

"뭐라고? 내가 아기야?"

"엄마한텐 영원한 애기이지. 이뻐서 그래. 어릴 때는 엄마가 자주 업어줬어. 아들! 랩이 좋긴 좋은가 보다. 잔소리 안 해도 일찍 집에 오고…"

"공부할 게 많아서 빡세게 안 하면 진도 못 나갈 것 같아."

"아들! 숙제 다 했지?"

"어."

"그럼 우리 '고등래퍼' 볼래?"

"엄마는 TV 안보잖아?"

"다른 건 안보지만 '고등래퍼'는 보고싶드라."

"나야 좋지. 엄마~ 과자 있어?"

"다 먹었지. '고등래퍼' 켜놓고 있어. 과자 사올게."

"어."

후다닥 오 분도 안 되어 빨간 얼굴로 엄마가 날아왔다. 준이 좋아하는 초록색 쌀과자와 엄마가 좋아하는 에이스, 아침햇살을 들고 들어선다.

"엥~ 벌써 갔다왔어?"

"이래봬도 초딩때 달리기 선수였어."

"아! 진짜?"

"고오럼! 양반도시 충청도 출신이라 매사에 느리지만 달리기는 빨라."

tv 볼 때는 군것질이 땡기는 법이다. 준이는 빨간색보다 좀 더 맛있다는 초록색 쌀과자와 아침햇살을, 엄마는 고소한 커피에 에이스를 찍어먹으며 '고등래퍼'를 시청한다.

"와~ 와~. 저게 고등학생 노래 맞아?"

"몰랐어? 굉장하지?"

"대단해! 실력이 출중한 친구들이 많다."

파워풀한 랩 실력이 준이와 엄마를 소름 끼치게 했다.

"와! 멋있다. 그치 아들!"

"어. 노래도 잘하지만 어쩜 저렇게 가사를 잘 쓸까?"

"준아! 고등래퍼 오디션 나갈려면 피터지게 노력해야겠다?"

철학적이고 비유가 풍부한 가사에 준이는 감탄 하느라 바빴다.

배연서의 '이로한' 곡이 흐르고 있다.

두 개의 성 / 두 개의 이름
두 개의 삶 / 두 개의 길을
두 개의 나의 발로 당당히 걸어가 /
바라봐, 어제와 다른 나의 오늘,
자신이 살아온 삶을.

"이래서 랩을 하고 싶어. 랩으로 그 사람의 생각과 삶을 알 수 있고 그 사고가 깊지 않더라도 한 사람이 바뀌고 달라지고 성장하는 모습이 투명하게 보이는 장르 같아서 좋아."

"준이가 왜 랩을 좋아하는지 알겠어. 10대 청소년, 그들이 마주하는 현실의 고통과 꿈을 향해 나아가는 길목에서 노력한 흔적들을 정교하게 써 내려가 음악적으로 풀어냈기 때문이지?"

"음. 한 편의 시나 책을 읽는 것 같지 엄마?"

"응. 준아! 좋은 아이디어 떠올랐어!"

보물이라도 발견한 것처럼 신나서 엄마가 제안한다.

"어떤 거?"

"응. 오늘부터 엄마랑 석촌호수에 가서 여유롭게 산책도 하며 아들은 랩 가사를 떠올려보고 엄마는 시를 써보는 거야. 랩 연습하기에 딱 좋은 장소를 알고 있어. 지금 가보자. 우리의 비밀 희망 숲으로 고고."

신이 난 엄마는 가뿐하게 앞장서 걷고 준이는 어슬렁어슬렁 그 뒤를 따른다. 집에서 20분 정도 걸어 드디어 엄마가 말하던 장소에 도착했다.

“짜잔. 앞으로 우리 둘이 연습할 비밀의 정원입니다. 아들, 어때요?”

“여기서 연습한다고?”

“응. 무대 연습장으로 최고야. 왜냐면 바로 앞이 롯데월드 매직아이 매표소라 학생들이 놀이기구 타며 지르는 함성 때문에 여기서 아무리 크게 소리 질러도 안 들리고 얼굴이 보이지 않으니 맘 놓고 연습해도 돼.”

“정말 괜찮아? 창피하지 않아?”

“노노. 걱정 붙들어 매셔. 가끔 이곳을 지나다니는 직원 빼고는 신경 안 써도 돼.

“이제부턴 여기와서 매일 연습할거야. 나는 랩하고 데이트 해야지.”

“나는 시하고 데이트 할거다.”

“좋겠네 엄마?”

“이제 슬슬 시작해볼까?”

“엄마! 발성자세부터 가르쳐줘.”

“우선 어깨 넓이만큼 발을 벌리고 팔에 힘을 빼고 떨어뜨린다.

가슴을 넓게 펴고 어깨가 올라가지 않도록 한다.

입과 경부 주위 및 턱에 힘이 들어가지 않도록 한다.

턱은 들지 말고 조금 아래로 내려오도록 한다.

목과 머리의 위치는 정면을 향하며 몸통과 일직선이 되도록 한다.

눈은 자신의 눈높이보다 약간 높은 곳을 본다.

날숨일 때 소리를 내며 소리를 내고 난 후에도 들숨이 남아있어야 한다.

준아! 한 번 해보자."

"응."

"다음은 발성 발음 연습이야. 목 안의 열린 소리, 호흡을 이용한 깊은 소리로 처음에는 천천히 연습하다가 점차 익숙해지면 빠르게, 강하게, 고음, 저음으로 연습을 해야 돼.

입은 크게 벌리고 입모양은 단어 한 자 한 자 발음 정확히 해서 점차적으로 조금씩 소리를 크게 해봐. 도움이 될 거야."

"휴! 힘들어. 아이고."

"세상에 쉬운 건 없지요. 왕자님! 하루 100번씩 해봐."

"100번? 그걸 어떻게 해?"

"엄마도 시 낭송 연습할 때 그렇게 해. 그것도 적은 거야."

"세상에나 그게 적다고?"

"프로 가수도 노래 한 곡 부르는데 2000번 연습하고 무대에 오른다고 들었어. 어느 분야든 그렇게 지독히 노력해야 살아남는 거야. 엄마도 시낭송 대회 나갈 때는 밥 먹고 잠자는 시간 빼고는 지겹도록 여기서 계속 연습해. 해도해도 부족하다는 생각이 드니까. 나 자신과의 싸움에서 이기는 게 제일 어렵다잖아."

"알았어. 도전해보지 뭐. 어차피 가을에 친구네 학교 예술제 행사할 때 나보고 랩 해달라고 초대받았어."

"어머! 그래? 잘 됐다. 치열한 고등래퍼 오디션 보기 전에 연습 삼아서 무대 서보면 좋지. 아들! 파이팅"

"엄마. 고마워."

"아냐. 엄마가 고맙지. 준아! 발음 연습을 많이 해야 돼."

"알아."

"발음 연습하기 좋은 방법 알려줄까?"

"어떤 건데? 자세히 가르쳐줘."

"처음에는 힘들 수도 있는데 효과는 좋아. 간단한 거야. 볼펜이나 나무젓가락을 입에 물고 '가 갸 거 겨 고 교 간장공장 장은 깐 공장 장인가 안 깐 공장장인가

싸 패 쑹 썬 쭉 헉 훅 땅 띤 유 혹 혈 열 력 랙 퍽 탑 쾅 위 두어령셩 두어령셩 다링디리 머루랑 다래랑 먹고 청산에 살어리랏다. 얄리 얄리 얄량 셩 얄라리 얄라

이링공 뎌링공 하야 나즈란 디내외손뎌. 오리도 가리도 업슨 바므란 또 엇디 호리라.

이중모음이 힘들거야. 가끔 침이 흐르기도 해. 이 방법은."

"헉. 그렇게까지 해야 되나? 자신 없는데."

"방법은 많아. 이렇게도 해보고 저렇게도 해봐.

이번에는 문장을 끊어서 발성연습 해보자.

1. 한 문장씩 끊어서 연습한다. 박두진의 '어서 너는 오너라.' 복사꽃이 피었다고 일러라/......

2. 두 문장씩 끊어서 연습한다. 복사꽃이 피었다고 일러라. 살구꽃도 피었다고 일러라/......

3. 세 문장씩 끊어서 연습하기. 복사꽃이 피었다고 일러라. 살구꽃도 피었다고 일러라. 너이 오래 정들이고 살다 간 집/......

4. 처음부터 끝까지 숨 쉬지 않고 단숨에 말한다. 복사꽃이 피었다고 일러라. 살구꽃도 피었다고 일러라. 너이 오래 살다간 집. 함부로 함부로 짓밟힌 울타리에, 앵두꽃도 앵두꽃도 오얏꽃도 피었다고 일러라.

5. 호흡도 중요해. 호흡이란 목소리를 타고 나가는 생명력이지. 울림이 있는 랩을 하려면 소리를 나오는 대로 내는 것이 아니라 깊은 호흡을 이용하여 저장되어 있는 공기를 서서히 뽑아내야 하지. 평소 음질이 잘 다듬어지고 음폭이 넓어지며 음의 강약이 조절될 수 있는 단전 복식호흡을 익히면 랩 하는데 도움이 될거야. 가슴이나 배의 균형을 잘 잡아 아랫배 깊숙이 숨을 들이쉬고 내쉬고

6. 전신의 힘을 빼고 서서히 공기를 흡입하며 어깨를 올려

서는 안 되고

7. 가슴이나 턱을 내밀지 않도록 하며 배에 부분적으로 힘이 들어가지 않도록 하는거 유의하도록 해.

요즘에 엄마가 연습하는 방법도 있어."

"어떤 방법인데?"

"응. 배꼽 밑에 힘을 주고 입을 크게 벌려 정확히 발음하며 300명이 들을 수 있는 큰 목소리로 성경책을 읽는거야."

"성경책?"

"응. 완전한 지혜이신 하나님의 혼과 영이 실린 특히 시편은 글 쓰는 데도 많이 도움돼."

"좋아. 꼭 해볼게."

"방법은 많으니까 이렇게 저렇게 다양한 방법으로 해봐. 준이한테 맞는 방법 찾아낼거야."

"엄마. 열심히 하면 혹시 선물있나?"

"물론이지."

"선물로 뭐 줄거야?"

"근데 선물 받으려면 한 가지 숙제가 있는데… 엄마한테 매일 성경책 읽어주긴데. 괜찮겠어?"

"아이고~ 뭐 읽어주지."

"준아! 약속했다. 약속 지키면 준이 좋아하는 옷 사줄게. 어떤 옷 사고싶어?"

"끈달린 세모 검정바지랑 구멍 3개 뚫린 검정모자랑 영어 써져 있는 회색 후드티 사고싶어."

"패션도 래퍼같이?"

"어. 머리부터 발끝까지 래퍼같이."

"멋지겠다. 옷걸이가 좋으니 뭘 입어도 준이는 돋보여. 아! 어떤 그림일까?"

"뭐가?"

"준이 고등래퍼 출연하는 그림?"

"아~ 떨려."

고등래퍼 오디션을 꿈꾸는 준이의 가슴이 뛴다.

"아들~ 준이랑 꼭 해보고 싶은 거 있어."

"나랑? 그게 뭘까?"

"엄마가 활동하는 '시가 흐르는 서울'에서 같이 무대 서보는게 희망사항이야."

"왜 나랑 하고싶어?"

"음. 힙합과 시낭송, 잘 어울릴 것 같아서."

"일명 유쾌한 '틀 깨기'?"

"어. 조카 은채도 불러서 밸리 댄스 시키고. 새아빠도 끼워줄까?"

"새아빠는 뭐 시킬려고?"

"노래 잘해. 발라드도. 트롯트는 꺾기를 잘하고."

"히히. 그래? 은채는 너무 어리지 않아? 이제 8살인데."

"나이는 어려도 얼마 전 밸리댄스 대회 나가서 상도 탔어.

말도 잘하고 노래, 춤, 그림, 성격도 좋고 못하는 게 없어. 끼를 타고났어."

"엄마, 은채는 얼굴은 귀여운데 살좀 빼야겠던데…"

"안그래도 그것 땜에 지금은 못 불러. 살빼고 날씬해지면 부르려고."

"홍홍! 새 옷을 입은 힙합에 밸리댄스와 시낭송이라!"

"아들! 기대된다. 엄만 준이를 믿는다."

"나를? 기대하지마. 실망하면 어쩌려고?"

"준이를 지켜주시고 은혜 베풀어주시는 그분, 하나님께서 준이한테 주신 달란트가 랩이 맞고 준이가 하고자 하는 일이 주님 기뻐하시는 일이라면 준이를 통한 하나님의 깊으신 뜻이 이루어질 거라 믿어."

"아멘."

준이가 기쁘게 아멘으로 화답한다.

"아들! 우리 열심히 기도하자."

"네, 김 집사님!"

"아들! 준이한테 궁금한 거 있는데 물어봐도 돼?"

"음. 얼마든지."

"사춘기를 잘 지나야 멋진 남자가 될 수 있잖아? 준이에게 사춘기란 뭐라 생각해?"

잠시 사색에 잠기더니 준이가

"음… 나에게 사춘기란?"

준이가 엄지손가락을 들어 올리며

"1번, 터널이다."

이번엔 검지를 준이가 흔들더니

"2번, 나에게 사춘기란? 수다쟁이다."

"호오! 2번 마음에 든다. 신선한 은유법이네."

"그 정도는 누구나 다 써."

"우리 준이! 시인 다 됐네. 시인은 엄마가 아니라 우리 준이였어."

꿈을 향해 뛰어오르는 아들을 보며 엄마는 인생 2막을 어떻게 수 놓을 지 아름다운 사춘기를 그려본다.

"아참~~ 준아. 깜박할뻔 했다."

"무슨 일 있어?"

"히히. 준이에게 대박 좋은 일 생겼지."

"좋은 일?"

"응. 준이가 중2 될 때까지 마음고생하고 힘들었던 거. 하나님은 다 기억하고 계셨나봐. 이번에 준이가 상을 타게됐어."

"상? 리틀모델 은상과 방송상 빼곤 상탄거 없는데?"

"그치? 이번에 하나님이 아주 큰 선물을 주셨어. '서울로미래로'의 조세현 대표회장님과 홍시현 공동회장님께서 장학금을 협찬해 주셨어. 축하해 아들!"

"와~~~ 완전 대박! 진짜야?"

“다음주 수요일날 오후 6시에 신촌 케이터틀 거구장으로 장학증서와 장학금 받으러 갈거니까 아들! 오늘 미용실 갈까?”

“어. 좋아. 머리 조금 다듬을 때가 되긴 했어.”

“담주 준이가 장학증 증서 받으러 가는 행사 ‘대한민국 중소기업 소상공인 만세 행사’에는 많은 분들이 오셔. 500명 앞에서 상을 받는 자리니까 단정하고 멋지게 하고 가자.”

“와~ 그렇게나 많이 와?”

“응. ‘시가흐르는서울’의 배정규 회장님께서 준이 추천해 주셨어.”

“엄마! 감사하다고 전해줘.”

“응. 준이가 높은 뜻을 펼치면서 나라에 꼭 필요한 인재가 되는 게 그분들의 뜻에 보답하는 길이야.”

“엄마! 머리 어디가 잘해?”

“우리집서 멀지 않은 선수촌병원 근처 ‘박승철 미용실’ 가자. 거기 잘 해. 항상 손님이 많아서 예약하고 가야돼드라.”

“오케이. 좋아.”

“아들! 여태까진 많이 놀았으니 이제 슬슬 공부할 때가 된 것 같지?”

“음… 그러게. 장학생이라고 상도 받았으니 공부를 안 할 수도 없고.”

“준아! 장학금도 꽤 되던데. 달라고 안 할테니 공부하는

데 써."

"야호! 나 피아노 학원 다녀야지. 작곡 공부도 하고 싶어서."

"즐겁게 해. 열심히 응원할게."

엄마와 준이가 이런저런 이야기꽃을 피우는 사이 석촌호수 마법의 성에 푸르락 희망의 불이 켜진다.

여러분! 준이! 잘 기억해 주세요.

혹시 '고등래퍼'에 나올지도 모르니까요. ㅎㅎ

2부

시 모음

깨어나라

동면하던 계절 깨어나
희망의 연못으로
톡톡 통통 콕콕 또르르
초록 우산 위
내려앉는 맑은 봄비여
새 희망 한 다발
연둣빛 새잎으로 깨우고
수만의 꽃송이 깨운 뒤
봄비 속으로 사라지는
고운 내 님이여
깨어나라
맞이하라
축복하라
새날의 마음 밭에
싱그러운 보화 피어난다

발자국

뿌드득 뿌드득
발자국을 따라간다
성큼성큼 아빠 발자국
또박또박 엄마 발자국
자박자박 내 발자국
하얀 도화지에
발자국을 그리면
우리 가족 발자국은
정다운 무늬그림

웃음비

추적추적 내려온다
잠자던 동심들 좋아라
빨간 우산 이고
찰박 찰박
까르르 깔깔깔
배꼽 달아난다

석촌 호수길

금붕어 뻐끔 뻐끔
석촌 호수길
나뭇잎이 팔랑팔랑
손짓을 하고
물무늬 동글동글
웃어주는 길
알사탕 오물오물
빨아먹으며
친구들과 소곤소곤
얘기하며 걷는 길
언제나 정다운
석촌 호수길

석촌 호수2

예쁜 하룻 길
꿈
별길
동화가 있고
국경이 없는
동심의 나라
시를 쓰는
아름다운 석촌 호수
내 마음에 희망이 자란다

비빔국수

에~ 이 ~ 치!
콜록콜록
귀찮은 감기 녀석
울긋불긋 고추장에
비빔국수 한 사발
빨갛게 비벼서
매콤달콤 맛있게
후루룩 뚝딱!
이마에 방울방울
송글송글 땀방울
귀찮은 감기 녀석
이제는 안녕

비빔국수 곱빼기

따뜻한 햇살 싱그러운 봄날
상큼한 새싹 따라 새로운 꽃길을 걸어요
벤치에 앉은 사람들 평화로움을 즐기고
젊은 연인들은 다정하니 정겨워요
노랑 원피스 입은 개나리
봄볕을 담고 마중 나와 있네요
사랑스런 봄을 통째로 이고 가고 싶은
감기에 약한 그녀가 건강을 지키려고
봄의 신선한 식재료를 살짜기 담아 왔어요
빨간 정열의 매콤 살콤 고추장에
살아있는 햇살, 바람, 새싹, 공기, 희망
갖은 양념 섞어 만든 맛있는 비빔국수 삼매경
자연과 정성 신명이 어우러져
마침내 몸살을 물리칠 보약이 완성되었어요
울긋불긋 봄의 향연처럼 맛있게 먹는 소리
후루룩 한 접시 뚝딱 후다닥 곱빼기로 흡입하면
귀찮은 감기와는 영영 이별하겠죠
방울방울 맺히는 치유의 땀방울들
감기야 다시는 돌아오지 말아라

마법의 성에 봄이 날아들다

와~
피어나는 희망의 환호소리
하아~
되살아나는 즐거운 스릴
마법의 성에 푸른 희망의 봄이 찾아왔다
삐잇 삐이잇~
여기저기 새들의 합창 요란하다
오랜만에 오리가족 봄나들이 신났다
아빠오리 엄마오리 아기오리들
호수에 일렬로 서서 출발 준비를 하고 있다
아빠오리 먼저 스타트를 끊고
엄마오리 아기오리들 춤추며 뒤따른다
하나 둘, 오른팔 왼팔 흔들며 가는 아저씨도
빨간 땀복을 입고 열정의 땀 흘리는 젊은이도
동그란 눈에 노란 유치원 가방을 멘 사랑스런 아이도
가위바위보 외치며 계단을 오르는 엄마와 딸도
벤치에 앉아 두 손 꼭 잡고 사랑에 빠진 학생들도
모든 이의 머리에서 발끝까지
사랑의 봄이 날아들었다

깜깜한 어둠 속에 잠들었던 내게도
모락모락 따스한 희망의 봄이 손을 내민다
소리 없이 힘든 계절을 지켜낸 왕벚나무
넉넉한 웃음으로 내게 묻는다
'너의 영혼에도 봄이 왔느냐고?'
'너의 삶 속에 봄은 몇 번이나 남았느냐고!'
그 물음에 발걸음을 멈추고 하늘을 올려 본다
해를 보며 부활의 봄을 선물해 주신 창조주께 감사드리며
새 봄에는 어떤 인생 시어들로 생명의 봄을
아름답게 수놓을지 그려 본다

쉼

홍당무 햇님
초록이 새싹
노랑 원피스 개나리 아기
쉼 랄랄라
쉼 랄랄라
오른쪽 고갯짓 한 번
왼쪽 어깨춤 두 번
신나는 드라이브

가을 오케스트라

서늘한 가을 바람과
찌룩찌룩, 책책책
풀벌레들 연주
얇은 날개 비비면서
가는 다리를 떨면서
가을 오케스트라 공연이 시작됐다
빨강 단풍 아기도
내게 고운 손을 흔든다
그 모습 행복이 음악이
가을과 친구 되어
숲 속으로 걸어간다

부릉부릉

붕붕붕 ~
추억 여행의 시동을 걸어
설렘 싣고 달리는 버스
즐겁게 바람 타고 슝슝
봄날의 꽃처럼 설렘
오늘의 내 마음은 보라보라해

사는 날

행복 한 잔
은혜 두 잔
사랑은 무한리필
반짝반짝 빛나는 마음
오늘도 좋은 날

새벽기도1

찬바람이 고통스럽게 연단한다
잠이란 고약한 친구
날마다 이기더니
두 손 들고 무릎 꿇었네
새벽 찬 바람에
게으른 녀석 누르고
게으른 습관 분가시켰다
맑고 부지런한
지혜 총명이
주인이 되었네
오늘은 기쁜날

새벽기도2

어둠 속에 피어나는
새벽 뭉게 구름 벗삼아
발걸음 상쾌한
아버지 만나러 가는 길
룰루랄라
입꼬리 미소 짓고
'너 주의 사람아'
'너 주의 사람아'
메아리되어
행복한 하모니 이루네
빙그르 웃음 한 발짝
깔깔깔 넘치는 은혜 바구니

마음이 소리

창 너머엔
살을 에일 것 같은
칼바람 불어오지만
기도의 골방에서
마음이 소리에 집중합니다
내님 사랑으로
내님 은혜로
내님 지혜로
내님 따뜻한 온기로 달구어져
오늘이라는 선물
예쁘게 꾸며봅니다
내님 축복으로 하루가
즐겁기만 합니다
오늘 하루도 넉넉히
충만해집니다

남편

눈 딱 감고 폭풍 흡입.
걸쭉하고 달짝지근
49년 만에 마셔보는
건강즙, 양파즙
양파즙하면 생각나는 사람이 있다
물가에 내놓은 애기같다고
수시로 전화해
밥은 먹었는지
아픈 데는 없는지
자상하게 챙겨주는 사람
보고 있어도 또 보고싶다는
그 사람
때론 오빠같고 애인같고
친정엄마같은 그 남자는
우리 남편이다
남편의 선물 양파즙
그의 사랑을 먹고
오늘 하루도 잘 살았다
위대한 인생숲을 걸어갈

오랜 단짝친구

아름다운 황혼 안겨주고

건강 지고 함께 웃음 나를

나의 반쪽 우리 남편

비가 들려주는 말

삶의 사슬이 풀리듯
노란 가을비가
마음에 살을 붙여준다
끝없이 높아지려는 욕심쟁이
그대들아 들으란다
좀 더 낮아지고
좀 더 사랑하고
좀 더 지혜로워지고
많이 비우란다
쓸 데 없는 마음들로 가득차서
더 이상은 담을 수가 없단다
뒤뚱뒤뚱 뚜벙뚜벙 숨이차서
욕심친구 만날까봐 겁이 난단다

부부

나란히 손잡고 가을을 지나
다가올 겨울을 준비한다

후두둑 후두둑

드디어 내려온다
하늘 선물 생명수
후두둑 후두둑
신나게 연주한다
수채화로 물들였던 대지
기쁘게 샤워하고
초겨울 옷으로 갈아 입는다
내 영혼에도 비가 내린다
삶에 찌든 먼지, 어둠, 미움
빗방울에 실어 보낸다
완전히 비운다
내 안의 자아 부활하는
기쁜 떨림 일고 있다

고소한 아침

따뜻한 햇살이
하트를 날리며
머리에 앉는다
'오늘도 파이팅'
미소 지며 속살댄다
상큼한 바람
포근한 해님이 첨가된
맛있는 커피로 햇살을 반기니
입 안에 방 안에 번지는
고소한 향취
온 세계로 스며들어
모든 이의 아침이
지구촌의 하루가
고소해진다

가을비

무시무시한 열대야
뜨겁게 달군 몸살
노을 친구 가을비 숨바꼭질
아작아작 비의 선율탄
익어가는 계절
풍요, 빈곤 교차점 가을
자연 식탁 가을비가
갈급한 고독 눈 밝혀
생명길 틔워준다

출근길

앙다문 입술
촛점없는 눈
쭉 늘어진 어깨
힘없는 다리로
바삐 걷는 사람들
고독을 쥐고
인생 속으로 들어간다
푸름이 희망친구 찾으러…

어머니의 수제비

소리 없이 비가 내린다
수제비가 먹고 싶다
가난했던 유년시절
밥상의 단골손님
어머니표 수제비, 비빔국수
감자, 호박 쫑쫑 썰어넣고
탁탁 리듬에 맞춰 치대고
뭉개고 밟아 반죽한 밀가루
먹어도 먹어도 질리지 않는
어머니의 눈물이 녹아든 식량
삶에 지치거나 아플 때
비빔국수와 수제비가 부른다
어머니의 사랑이 그리워
수제비를 끓인다
살아생전 불효한 이 딸
정성껏 요리한
사랑 한그릇 하늘에 올린다
어머니의 낭랑한 음성
들리는 듯하다

시심 보따리

장대비 소리에 끌려
창문을 연다
하늘이 구멍난 듯
통쾌하게 쏟아진다
마음 한구석 포개 놓았던
감성 보따리 풀어 헤친다
죽을만치 힘들고 아픈 순간 많았지만
당당하게 살아있는 내게
시심 담은 항아리 상으로 받았다
시심이 용솟음친다

시를 먹는 날

눈대중으로 제목을 맞춘다
행과 연을 비빈다
오른손 왼손 리듬을 타며
신나게 버무린다
어디 간 좀 볼까나?
으음! 그런대로 괜찮네
뭔가 1% 부족한데
아하! 참기름이 빠졌네
고소한 참기름을 친 시어를
맛있는 메타포 접시에 담으면
근사한 시의 만찬이 되겠지?
벌써 군침이 돈다고?
남기지 말고 뚝딱 시 먹으러 출발~

아직은

쌍둥이 풀들이 누워있네
이른 봄을 마중하려다
싸늘히 불어오는 밤바람에 놀라
아직은 아니라고 조용히 잠들었네
기다란 목의 갈대 소녀도 고개 떨구었네

맛집

노릇노릇 지글지글
맛있는 소리 익어간다
아플 때 한 번씩 들르는 행복 밥상
맘 맞는 친구들과 함께 하는 찬란한 영양
왁자지껄 풍성한 수다로 넘치는
이름도 재밌는 맛집 '똥고'
윤기 자르르 흐르는 삼겹살 한 점
목에 감기는 보약
행복이 별건가
이게 사는 재미지
삼겹살 파티로
희망 만찬 거하게 마시고
삶의 여행길 떠난다
우리 삶도 맛있게
구워지길 바라며…

다이어트

점점 달아오른 불길
탈출하려는 비명
탁탁~~~
아이 뜨거
탁탁탁 치글치글 익어가는 군침소리
악! 악! 악! 도저히 못참겠다
탈출하자
옆구리 아프게 터지는 발악소리
그대의 희생 한 양푼
그대들의 아픔 두 사발로 이루어낸
야식만두
살 안찌는 우리 남편
엄지척! 나를 유혹한다
맛난소리 침이 꿀꺽꿀꺽
혼자 먹음 맛 없다고 투덜투덜
옆구리 터진 발악만두
뚝딱 청소하네
휴! 다행이다
야식만찬 참아낸 불굴의 인내

이제부터 시작이다
탐심의 거짓 속삭임
게으름의 무한반복
어리석은 욕심질주
이 녀석들 상쾌하게
이별할 날 다가오네

꿈지게

오랜 설렘으로 소풍가는 것이 삶이다
우리는 모두
기쁨, 슬픔, 행복, 불행
네 명의 친구와 함께 가야 한다
슬픔, 불행
두 친구는
인생길에 피할 수 없는 아픔 주머니
기쁨, 행복
두 친구는
힘내라고 토닥여 주는 지혜 주머니
분홍빛 진달래 가득 지고 와
한 아름 안겨주듯이
슬픔과 불행의 아픔 주머니는 지워버리고
기쁨과 행복의 지혜 주머니를 지고 가자
희망의 꿈지게를 지고 가자

밀당

오면 피하고
가면 다가서는
시간은 뉘엿뉘엿
저물어 가고

나 엄마 맞아?

기분 좋을 정도의 싸늘한 오후 3시
사춘기 아들 '서코예매권' 사러 홍대 가는 길
젊음의 거리 들어서자 파릇파릇
싱그런 봄 수줍게 유혹한다
길게 줄지어 기다리는 학생들 속에 합류한 철없는 어른, 나
쉽게 줄은 줄어들지 않았지만
서코 예매권 받고 좋아할 아이 생각에
설레는 맘으로 표를 사고
가벼운 발걸음으로 돌아오는 길
오랜만에 신선한 일탈
싱싱한 젊음, 잊었던 삶의 감사를
덤으로 챙겨 온다
맥도날드 가게 앞
"이제 시작이야" 라는 문구
가슴 뛰게 방망이질 한다
딴 엄마라면 그런 데 못가게 꾸지람 할 터인데
표까지 사다주는 철없는 나!
엄마 맞나?
아이 좋아하는 것 응원해 주고 싶은 아들바보 엄마

고녀석! 서코 예매권 속 스며든
엄마 무한사랑도 알아 주려나…

사랑하는 일

뜨겁지도 차겁지도 않은
미적지근한 날입니다
우리에게 가장 차가웠던 날의
아픔이 흐릅니다
우린 잠깐 일시정지의 순간이
필요했던 겁니다
무지개 빛 꿈별길을 걸으며
잃어버린 마음을 찾아봅니다
우리에게 가장 뜨거웠던 날의
열정을 그립니다
우리에게 가장 맑았던 날의
희망을 그립니다
인생이 흐릅니다
나의 봄 여름 가을 겨울도
흐릅니다
사랑이 흐릅니다

행복한 하모니

화사한 분홍 진달래 같은
청초한 하얀 코스모스 같은
단아한 주황 채송화 같은
열정의 빨간 장미 같은
우아한 노란 국화 같은
톡톡 튀는 색깔의 다섯 공주
함께여서 따끈 따끈
껄껄껄 피시식 마냥 즐거운 청춘의 날들
미쳐야 삶이 된다고
시에 문학에 사랑에 산에 취해 사는
삶이 시가 되는
알록달록 머플러의 상큼한 그녀들
산뜻한 어울림
정겨운 동행의 선율
오공주의 행복한 다섯 색깔 하모니
결 곱게 채워지며 익어가는 고운 님들

마스카라 한 조각

해는 어슬렁 어슬렁 넘어가고
뚝딱뚝딱 시계소리 앞다투어
날아가는데 여인이여
민낯이면 어떠하리
그런대로 보아줄만한데
무엇을 감추이려
시커먼 마스카라 한 조각 탐내느냐
여인이여
그만 먹고 불나게 달음질하거라
부릉부릉 차 떠나는 소리 안들리느냐
어쩌려고 그러느냐

남산 야경1

끝이 보이지 않는 계단
한걸음 한걸음 내딛는다
거친 숨 고른 친구
옆에서 마주 잡은 손
고통터널 날아 하늘정원 서다
가장 아름다운 시간
국경도 없는 만남
함께 머물고 싶은 계절 남산
구름을 사모한 달
황홀한 남산 여운 속으로
숨바꼭질 한다

남산 야경2

환호가 터져나오는
남산의 야경은 치명적인 마성의 매력이 있다
심장을 타고 흐르는 블로지한 선율
은은한 양초 속에 핑크빛 사랑이 타오르고
젊은 연인들은 꿈차를 타고 미래를 꿈꾼다
쌉싸래한 여운 남기는 자몽 속 둥근샘이
빨대 타고 호르륵 목에 감기는 동안
시공간을 초월한 3D입체영상은
금방이라도 손에 닿을 듯 환상적이다

마음 성형

화장을 합니다
톡톡톡 두드립니다
그림을 그립니다
심혈을 기울입니다
속사람을 그립니다
화장으로도 가릴 수 없습니다
네모난 본성이
뾰족 뾰족합니다
수술을 합니다
동그랗게 꼬맵니다
아름다운 속사람으로
성형되어 갑니다
사랑으로 물들어 갑니다
거울앞에 그녀가 다가옵니다
완벽합니다
예술입니다
눈부십니다
성공입니다

사교육 러닝머신

올라가긴 쉽고
내려오긴 힘든
무한 트랙

사교육비

쓰기 싫다
끝도 없이 쓴다
잡겠다고 한다
갈수록 멀어진다
학교에서 종일 놀고
하교 후 열공
희한한 풍경
개탄하는 학부모

교육 정책

높은 이상
부족한 구현 능력
이 정도면 괜찮아
안쓰러운 교육 정책

눈물로 시를 뿌린다

십육 세 목숨마저
장애물이 될 수 없었던
유관순의 비장한 함성
나의 심장이 두 개로
쪼개지고 말았다
매봉교회 예배당에서
기도하는 뜨거웠던 삶
하늘에서 대한민국 응원하는
한 맺힌 소리 들린다
"내 귀와 손이 다 잘리고
부러진다 해도 나라를 뺏기고
짓밟힌 현실을 용서할 수 없다"

삼일운동

기억하는가!
악한 원수의 구름이 덮어
일제에 나라를 빼앗기고
고종 황제마저 서거하여
독립에 대한 열망으로
터져나온 민족의 분노
피 물결
비폭력 평화 투쟁
삼일운동
"대한독립 만세!"
"대한독립 만세!"
뼛 속 깊은 곳에서
벅차게 피어오르는
기쁨의 환희
천국의 칸타타

작은 독립운동

시를 낚는다
태극기 흔드는 맘으로
내면 깊숙한 곳
온종일 씨름하다
퍼올린 문장 한 줄
시인에겐 오늘분의
나라 사랑 작은 표적
시를 사랑하는 일
내일분의 작은 독립운동

갱년기

밝은 해가 숨어버린 어두운 겨울
한 오십 년 부려먹은 몸뚱이들
떼거지로 반란을 일으킨다
평생 써먹어야 될 육체를
멸시하고 내 나이 삼십에
다 빨아먹었더니
더는 살 수 없다고
삐걱거리는 등
인대가 늘어진 허리
시큰시큰 쑤시는 다리
우울한 마음까지 똘똘뭉쳐
험악한 아우성
피곤함에 찔려 게으른 아침
갱년기에 납치당한
오십 대 여인
꾸벅꾸벅 졸고 있다
겉사람은 그럭저럭
쓸만해 보이는

저축

어딜가나 머리 희끗희끗 팔순청년들
세상을 점령한다
아직도 오십을
더 살아야 한단다
알뜰하게 그리란다
세밀하게 적으란다
두고두고 볼거니까
멋지게 찍으란다
100세 시대 필수품이란다
현금을 저축하라
건강을 저축하라
시간을 저축하라
재능을 저축하라
사람을 저축하라
추억을 저축하라
세상에서 마지막을 어떻게 보낼 것인지
미리미리 저축하라
100세 청년 물결로 지상이 뜨겁다

독서

파스텔 톤으로 물들어가는 세상
노란 은행잎 이불을 걷는 사이
책 읽는 송파 프랭카드가 반긴다
좋은 글을 마음속 필름에
아로 새기며 걷다보니
호수를 바라보며 독서한장 어때유?
카페가 부른다
헤이즐럿 향 한모금과
빳빳한 종이향 세 모금으로
동시집 한 권을 배불리 삼키고
말간 동심을 잡고
집으로 돌아오는 길
입가에 감성이 달려 있다

좋은걸

좋은걸 어쩌지요?
나뭇잎을 봐도 주님 생각
돌멩이를 봐도 주님 생각
시낭송을 해도 주님 생각
저 여기 있어요
손 내밀어 제 손 잡아주세요

하나님의 영광

해가 돌아요
빨간 해가 웃어요
우리 하늘아빠 얼굴이에요
붉은해가 자꾸 웃어요
그건 바로바로
하나님의 영광이랍니다

비야

기다리고 기다리던 님 오셨습니다
너무나 기다리던 님!
애타게 기다리던 님!
그 님이 몇일 더 머물기를 간절히
바래봅니다
비야 비야……

커피아침

어제 하늘의 눈물로 나뭇잎이
새 힘 받아 싱그럽고 상쾌합니다
향기로운 커피로 아침을 여니
빙그르 맑아집니다

땡땡이 여행

어김없이 헤매이다 30분 지각
길치공주 등장
모두의 애간장을 태운 채
내 이름 석자를 알려
따가운 눈총 받으며 출발
일상의 삶 뒤로한
수다 삼매경 빠져 떠들다보니
몽산포 도착
맛있는 식사 후 세미나 시간
밀짚모자 눌러 쓴 우아한 졸음
레크레이션 시간 다가오고
마음맞는 분들과 땡땡이 결심
넓은 마음 바다 향내 맡으며
시가 밥이 되고
낭송이 안주가 되는
음주가무의 친교
잊을 수 없는 몽산포 해수욕장 문학기행
소녀같은 충청도 할머니들
"아저씨! 배 언제 들어온대유?" 한 마디에

자지러지는 시인들
지금도 해맑은 몽산포 청춘할매들
웃음소리 추억이 되어
되살아난다
“아저씨! 배 언제 들어온대유?”
‘하하하’
땡땡이 까는 재미
쏠쏠하다

만찬

암퇘지 돈육을 와인과 야채소스에
24시간 재워서 고기를 얇게 펴지 않고
두툼하게 하며 튀김옷을 얇게 입혀
육질의 부드러움
바삭함을 함께 느낄 수 있도록
식감을 높인 돈가스로
오늘은 지친 나에게
쉼을 주는 날
구수한 된장찌개
오돌오돌 씹히는 팽이버섯
몸에 좋은 가지나물
양파김치
마지막으로
좋아하는 깍두기로
수고하고 노력한 나에게
미각의 행복함을 만끽한
입이 호강하는 날

홍시

싱싱한 단감으로 태어나
작은 냉장고 안에서
이리저리 눌려 찌그러진
볼품없는 인생
그 많던 친구들 이별하고
마지막 생을 다하려
붉은 달콤함으로
아우성치며
주인 앞에 떨고 있다

작품완성

길게 동면하는
가난한 글향
바닥채 드러난 빈곤한 시어
맛있는 봄내음 들리는
세상과 단절
죙일 읽고 쓰고
지우고 생각하고
꾸벅꾸벅 졸다가
접시를 깬다
살려달라 몸부림 치는 몸뚱이들
김치를 엎는다
빨간 피를 뿌린다
글에 갇힌지 2년 되는 날
절망의 연못을 지나
훈풍을 타고 날아온다
이제 해방이다
샘물처럼 차오르는
풍성한 스토리
마침내 마침표를 찍는다.

음성

고즈넉한 겨울 밤
오롯이 맑아지는 삶
비워진 자리에서
눈 감고 귀 기울입니다
가난함에 찌들려
눈 멀고 귀 멀고
헛된 욕망 휩쓸리다
가만히 흐느끼는
이제 돌아오라고
제발 돌아오라고
세월을 돌고 돌아 오늘
들려오는 내님 음성
너를 기다렸노라
부르시는 영혼의 의사
당신 앞에
무릎 꿇습니다
오로지 당신 긍휼
오로지 당신 자비
나의 맘과 중심

다 드리기를 소망합니다

당신 닮아가도록

주장하여 주시옵소서

값 없이 받은 풍성한 은혜

큰 사랑 긴긴 밤을 타고 옵니다

참된 쉼

칠일 중 하루 온전히 나다워지는 날
하늘이 내려주는 선물로
온전히 맑아지는 날
돈으로는 살 수 없는 안식
충만이 받은 넘치는 은혜로
영혼의 집에 천상의 연주가 시작된다
말갛게 피어나는 하늘백성
주체할 수 없는 환희로
기쁘게 기쁘게 떨린다

책걸이

매주 수요일마다 1년에 걸친 교리공부
로이드 존스 목사의 '완전한 진리'를 끝내고
홀가분한 마음으로
지혜의 부요함이 묻어나는
책걸이 파티
부침개, 족발, 피자, 막국수
맛난 만찬으로 행복 충만
교리를 공부할수록
주님이 누구신지 경외하게 되고
믿음의 선진들이 목숨 바쳐 지킨
신앙의 존귀함에 숙연해지고
이렇게 좋은 환경에서 신앙생활 할 수 있음에도
게으르고 연약해서 마땅히 해야될
영역을 감당하지 못한 부끄러움에
얼굴이 붉어진다
영혼이 춤추는 진리의 탐구
완전한 진리
모든 순간이 감동이다

주일

육신의 정욕
안목의 정욕
이 생의 자랑
이방인의 염려로 6일을 살다
한껏 멋을 내
예쁘게 치장하고
아침 이슬 머금은
순전한 설레는 맘으로
은혜의 존전으로 나아가는
오늘은 주일입니다
하나님의 정하신 뜻 공식적으로
선포하는 자리 교회를 통해
신앙의 유산을 주시고
영혼의 양식 하늘양식을
먹여 주신다
수줍은 듯 홍시처럼 빨간볼
예배에 집중하는 귀한 모습
주를 찬양하는 하나님의 아이들
그 아름다운 영혼

그 아름다운 입술을 통해
한없는 은혜가 울려퍼지는
소망의 날이다
하나님의 엄청난 자비로
한주간 넉넉히 살아갈
힘을 얻고 집으로 향하는 길
노을바람이 따라온다

몸의 부활

사락사락 순백의 호설이
타락으로 넘실대는 세상 집어삼킨다
아담과 하와의 죄의 결과
가련하고 굴욕적인 우리의 몸
주님이 육체를 입고 영광 가운데
거룩한 천사들에 둘러싸여
구름 속에서 다시 오시는 그 날
전인이 완전히 죄와 악에서
해방되는 오, 복된 날!
영화로운 주님과 같이 되는
오, 영광스러운 날!
완전한 구원이여!
놀라운 구속이여!
귀하신 구속자시여!

우리는 피조물

왜 길이 험합니까? 불평할 수 없는
하나님을 절대적으로
의지하고 믿고 따라야 하는
우리는 하나님의 피조물
아브라함과 이삭과 야곱의 하나님께서
사단의 결박이 끊어져야 가능한
하나님을 예배하는 자리로
우리를 불러 주셨습니다
어제나 오늘이나 동일하신 하나님은
고난 가운데 있는 우리를
보고 듣고 알고 건져주십니다
전능하신 하나님의 권능이
유일한 선이신 하나님의 은혜가
굽이칩니다

참된 생명은

매일 자기를 부인하고
희생하라는 예수님의 명령
불신자에겐 힘겹기만 하네
참된 생명은 자아의 죽음인데
바뀌지 않는 이 부패한 본성
언제쯤이면……
하나님의 뜻에 순종하고
자신을 포기함으로써
얻어진다네
참된 생명은

은혜가 가진 무게

통장을 의지한
세상을 사랑한
현실과 타협한
먼지같은 나를
비참한 줄 아시고
연약한 줄 아시고
불신앙을 초토화
주님!
내 삶이 주님께
있습니다

마음이 부자인 집

말씀과 기도
은혜로운 찬양
완전한 진리의 역사로
마음이 부자인 우리 집

연단

온실의 화초 같이
사랑만 받고 자란 유년기를 지나
활짝 피어날
젊은날 찾아온 인생풍랑
소용돌이 치는 힘든 세월
죽으면 죽으리라
순종하며 인내했던 시간
불혹의 나이를 넘기고
쉼에 회복되는 삶
감사로 채워지는 은혜
두 손 들고 엎드렸다
모든 것이 창조주의 예정 속에
있었다는 것을
고난받는 것이 축복이라던
완전한 지혜 거룩하신 그분께서
하나님의 자녀로 연단시키기 위한
무한하신 그분의 사랑이었다는걸…
지금 난 기쁨의 눈물바다 위에 서 있다

죄

선명한 태양의 속살댐으로
아침을 먹어야
전인이 깨어나는데
빛이 숨어버린 회색빛
춤추는 비요일
빗방울 굵어진 틈
반갑지 않은 불청객
이때다 싶어 침입한다
오랜 시간 침묵하며
비우고 낮추며
힘써 지키려 했던
온전한 생명의 등불, 신앙
창조주보다 눈에 크게 보이는 세상
성일을 온전히 지키지 않은 죄가
똬리 틀며 스멀스멀
기회 엿본다
비요일 타고 판치려는 부패한 본성
시커먼 깜장 커피 두 잔으로
날 대적하는 죄와 싸우느라

한 나절을 까먹었다
지겹게 따라붙는 죄여!
떠나갈지어다

기도

내 안에 계신 주님
저를 깨끗게 하여 주소서
수시로 내 영혼 파고드는
세상의 헛된 죄악된 삶
끊어 주시옵소서
주 앞에 온전치 못한 잘못된 습관
모든 문제 있는 것들
추적추적 내리는 가을비로
다 씻어가 주시옵소서
세상 유혹 따라 넓은 길로 향하는
어리석은 자 되지 말고
주님 가신 그 좁고 힘든 생명의 길
따라가게 하소서
생명의 주만 보게 하소서
지혜의 주만 보게 하소서
공의의 주께 순종하게 하소서
주님 만나면 이렇게 좋은걸
주님 만나 세상 모든 것 가졌으니
은혜 찬송 부르네

너는 사랑이야

빨주노초 수채화 물감 물들었던 가을
생을 마감하고 따뜻한 겨울 이고 왔구나
격한 인생 폭풍 만나 허우적거릴 때
기적처럼 하늘이 내려준 축복
동그란 눈동자로 네가 세상에 나온 날
그건 사랑이었지
네가 몹시 아파 붉은 열을 내던 밤
너를 업고 밤새 기도했어
네 아픔 대신해 달라고
유난히 동그랗고 까만 눈동자, 긴 속눈썹
너를 볼 때마다 딸이냐고
사람들이 묻곤했지
네가 잠든 사이 딸로 만들고 싶어
예쁜 원피스를 입혀 놓고 혼자 웃기도 했었는데…
내가 몹시 지쳐있던 날
나의 두 손을 꼭 쥐어 주며
“내가 엄마를 지켜줄게요”
세상 어떤 말도 그보다 힘이 되지 않을 거야
“아가야, 사랑한다” 말하면

쑥쓰러워 하던 녀석이 이젠
"엄마 사랑해" 안겨 오는 사랑스런 너
부족한 이 어미, 너를 위해 해 줄 게 없구나
엄마 기도는 하늘에 닿는다고 했던가
사랑한다, 멋진 아들아
네가 내 아들이라는 것
넌 나의 인생이고
사랑이란다

사춘기는 수다쟁이

1판 1쇄 발행 2019년 5월 23일

지은이 홍창미
펴낸이 김재선

펴낸곳 예 솔
출판등록 제2002-000080호(2002.3.21)
주소 서울시 마포구 양화로6길 9-24 동우빌딩 4층
전화 02)3142-1663(판매부), 335-1662(편집부)
팩스 02)335-1643
홈페이지 www.yesolpress.com
ISBN 978-89-5916-769-2 03800